本成果受到四川大学一流学科"区域历史与边疆学"学科群资助。

★ 中国边疆学学科建设丛书

文艺复兴时期英国的博学好古研究与民族史书写

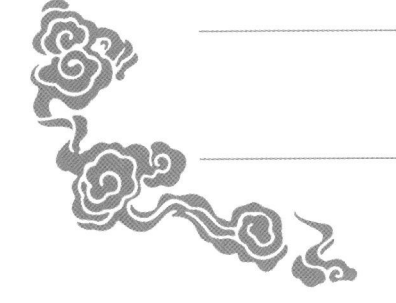

朱晶进◎著

中国社会科学出版社

图书在版编目(CIP)数据

文艺复兴时期英国的博学好古研究与民族史书写/朱晶进著.—北京：中国社会科学出版社，2018.8

(中国边疆学学科建设丛书)

ISBN 978-7-5203-3145-6

Ⅰ.①文… Ⅱ.①朱… Ⅲ.①民族历史—研究—英国—中世纪 Ⅳ.①K561.8

中国版本图书馆 CIP 数据核字(2018)第 208341 号

出 版 人	赵剑英
责任编辑	王 茵 马 明
责任校对	李 莉
责任印制	王 超

出　　版	中国社会科学出版社
社　　址	北京鼓楼西大街甲 158 号
邮　　编	100720
网　　址	http://www.csspw.cn
发 行 部	010-84083685
门 市 部	010-84029450
经　　销	新华书店及其他书店

印　　刷	北京明恒达印务有限公司
装　　订	廊坊市广阳区广增装订厂
版　　次	2018 年 8 月第 1 版
印　　次	2018 年 8 月第 1 次印刷

开　　本	710×1000　1/16
印　　张	12.75
字　　数	203 千字
定　　价	56.00 元

凡购买中国社会科学出版社图书，如有质量问题请与本社营销中心联系调换
电话：010-84083683
版权所有　侵权必究

丛书编委会

主 编 罗中枢

编 委（以姓氏笔画为序）

王 卓　　左卫民　　石 硕　　卢光盛
次旦扎西　李 涛　　周 平　　周 伟
姜晓萍　　姚乐野　　徐玖平　　盖建民
傅其林　　樊高月　　霍 巍

总　　序

　　边疆是一个十分复杂的概念，包含历史、地理、政治、民族、社会、文化、军事等诸多因素，涉及国家形态、历史演变、族群关系、文化形貌、治国方略、地缘政治、国际关系等诸多方面。在"一带一路"建设的背景下，中国边疆地区成为国家对外开放的前沿和"一带一路"建设的战略通道，是国内与国际两种风险叠加地带，也是构建周边命运共同体的重要依托。

　　边疆研究涵盖现实与历史交汇的宏大领域，中国边疆研究关系到国家领土、主权、安全和利益，关系到统一多民族国家和多元一体中华民族建设，关系到国家治理体系与治理能力现代化，关系到周边命运共同体构建。中国西部边疆地域辽阔，边界漫长，民族众多，生存安全问题和发展安全问题、传统安全威胁和非传统安全威胁相互交织，情况特殊而复杂，从精准扶贫到民生改善，从资源开发到生态保护，从民族团结到反分裂斗争，从边界争端到周边经略，从加快发展到"一带一路"建设，一系列问题都是涉及国家核心利益的重大问题。

　　边疆学是一门新兴交叉学科，其建设任重而道远。边疆是什么？边疆是如何形成的？边疆的生成和变动机理是怎样的？边疆有哪些形态、特征和演变规律？边疆与国家、主权、边界、边境、疆域是什么关系？边疆与历史、地理、政治、民族、人口、资源、文化有什么关联？边疆在当代治国理政、民族统合和地缘政治中扮演什么角色？边疆在国家安全和发展中有何作用？边疆学有哪些基本概念、范畴、原理和方法？边疆学与历史学、地理学、政治学、人类学、民族学、社会学、法学、管理学等学科有什么关联和区别？这些都是边疆学应当研究和回答的问题。

近年来,"治国必治边"已成共识,中国边疆研究方兴未艾,国内多家高校和研究机构建立了边疆研究的专门机构,一批中青年学者成长起来,相关成果在服务国家安全、发展和治理方面发挥了积极的作用。但是从总体上看,中国边疆研究和边疆学学科建设还存在诸多不足。譬如,尚未实现边疆学学科体系的独立设置;问题导向的政策引导力度不够;单一、封闭、分割的科研管理机制束缚较大;多学科、多部门、多地区协同研究不够;与边疆密切相关的边疆理论、国家安全、民族宗教、地缘政治、周边国别与区域等方面的研究相对薄弱;研究成果转化机制还不健全;评价上重数量轻质量、重学术轻应用;边疆研究和边疆治理人才的培养滞后;理解国家战略、熟悉边疆实务和了解边疆社情民意的人才紧缺;边疆研究的国际交流合作不多;等等。这些不足,致使学界和实务部门难以就边疆重大突出事件、反恐与维稳、安全与发展提供及时有效的综合应对之策。

国际政治史表明,大国崛起必须要有充分的智力支撑。西方国家在确立大国地位的过程中,都曾提出过与各自国家战略相适应的边疆理论和方略。在全球化、信息化时代,传统的边疆概念不断拓展,次生和衍生的边疆概念不断呈现,边疆研究的视域、范式和意义发生了根本性变化。中国近年来取得的"天宫""蛟龙""天眼""悟空""墨子"等重大科技成果,不仅拓宽了人类的视野,而且拓展了我们对边疆的认识。当今的边疆,不仅包括陆疆、海疆、空疆、底土等领土边疆,而且包括利益边疆、信息边疆、文化边疆、太空边疆等战略边疆;边疆不仅与边界、边境及陆域、水域、空域相关,而且与海洋毗连区、专属经济区、大陆架、防控识别区以及大洋洋底、极地、外太空、电磁空间、网络空间等相关;边疆不仅与国家主权、领土、利益密切联系,而且与地缘政治、周边环境、国际政治、国际关系交错关联。"随着中国的崛起与国家利益的外溢,中国迫切需要用传统与新生的边疆理论来阐释中国的和平崛起,解读并维护国家利益。"[①]

2012年12月,四川大学联合云南大学、西藏大学、新疆大学、国

[①] 朱碧波:《论我国边疆理论的言说困境与创制逻辑》,《云南师范大学学报》(哲学社会科学版)2015年第1期。

家民委民族理论政策研究室等单位，在北京成立了中国西部边疆安全与发展协同创新中心。该中心以兴边富民、强国睦邻和国家长治久安为目标，以现实问题为重点，兼顾周边区域和国际关系，开展多学科的边疆研究，积极推进边疆学理论建设和边疆政治学、边疆社会学、边疆史地学、边疆人类学、边疆安全学、边疆经济学、边疆管理学的发展，努力发挥在理论创新、资政建言、人才培养、舆论引导、社会服务、公共外交等方面的功能，服务于边疆稳定与发展，服务于国家安全战略，服务于周边睦邻友好，服务于"一带一路"建设。

2017年，四川大学已经把"区域历史与边疆学"学科群建设纳入国家"双一流"建设的总体布局之中，中国西部边疆安全与发展协同创新中心将聚焦边疆安全与发展，瞄准世界学术前沿，促进学科交叉融合，把历史研究与现实研究、田野调查与文献研究、国内研究与国际研究紧密结合起来，把理论研究、应用研究、决策咨询与数据库建设、人才培养和学科建设紧密结合起来，积极推进边疆学学科建设，努力将中国边疆研究的独特视角、理论和方法转化为国际影响力。

为此，中国西部边疆安全与发展协同创新中心与中国社会科学出版社共同策划了这套《中国边疆学学科建设丛书》，丛书将不拘形式，重在创新，成熟一批，推出一批。由于时间仓促，水平有限，我们对很多问题的认识尚处于探索阶段，希望读者批评指正。

罗中枢
2017年11月15日

摘　　要

　　文艺复兴时期，许多欧洲人被古代世界深深吸引，所谓的古代世界就是古希腊罗马文明。在许多欧洲城市，古典建筑保存下来并继续激发人们的好奇心。在整个中世纪，关于这些文明的意识一直存在，是因为那些物质的遗存、公众的记忆与古代作者留下的作品还存在。不过，直到文艺复兴时期古代世界的研究才焕发出新的活力。这场广泛的文化运动的先锋是人文主义者、艺术家和博学好古研究者。这场文化运动将古代世界视为文明的顶点，而将中世纪世界视为野蛮的黑暗时代。就是这些运动先锋在努力恢复古代世界的光辉。

　　在15世纪，"博学好古研究者"的意思是"带着重塑古代生活的观点来研究古代物品、风俗和制度的人"。文艺复兴时期的博学好古研究与历史学依然泾渭分明。博学好古研究有一个非常重要的特征，这一特征把它与历史区分开来，并将决定博学好古研究的未来，这就是专题性的系统研究方法。但博学好古研究不适合编年结构，它是系统的描述，而不是按年代先后顺序来说明。因为一般政治、军事事件的时间是广为人知或有文字记载的，而制度、宗教、神话等的起源时间，或全然不知，或难以考证。在研究这些主题时，很难完全做到按编年顺序处理。当然，在编年顺序容易确定，或者编年本身是他们研究的目标时，博学好古研究者也不反对按编年顺序来处理，在书写地方史或做年代学研究时就是如此。总之，时间因素在博学好古研究中的作用不如在政治史中那么重要。正因为博学好古研究在方法上的系统特征与哲学研究方法相契合，又加之它的研究内容为哲学家分析人性和文明提供了资料，所以，从一开始哲学家与博学好古研究者就联系紧密。

　　本书的研究对象是博学好古与民族史书写的关系。空间的限定主要是英格兰，兼及威尔士、苏格兰和爱尔兰，在需要的时候会提到欧洲大陆等地区；所涉及的时间主要是16—17世纪（文艺复兴传播到英国时期至英国本土文艺复兴的兴盛期）。在都铎早期，英国的民族史书写的模式突出地表现为一种对当时英国文化的、爱国的和宗教的趋势的衡量，也是一个对英国人吸收更先进的、发展更成熟的意大利文艺复兴历史编纂方法的程度的考察。当时，虽然文艺复兴文化在各个方面开始影响英国智识生活，但并未在历史学或改进民族史编纂方法上激发出广泛的兴趣。在16世纪30年代之前，无论是写当代史抑或是对一本中世纪原著进行修订和改进，编年史几乎是唯一民族史书写类型；并且在大体上，那种对过去权威的非批判性依赖的传统结构（除了一些编年史家的作品中分散的几处而外）仍然保持不变。

本书第一章论述从文艺复兴运动时期到启蒙运动时期，欧洲范围内的学术背景与英国民族史学的关系。文艺复兴运动时期人文主义者的好古情结，欧洲学者对文本批评的重视，经验主义对知识结构，特别是历史学知识结构的影响，文艺复兴时期的历史哲学"历史艺术"，上述主题都是此章将重点关注的学术思想史事件。此章还将追溯文艺复兴时期英国的民族史书写的过去，考察它对自意大利传来的人文主义的影响，试图分析人文主义如何使英国民族史书写发生变化，从而使博学好古研究方法在英国的土壤得到孕育。

第二章至第五章探讨博学好古研究与同时代民族史书写与研究的关系。首先在第二章，本书将回顾渊源于古希腊的博学好古研究，这种体裁如何经历文艺复兴时期人文主义者的"再发现"；当文艺复兴运动传播到意大利以北地区时，又如何在其他国家繁荣兴盛的。本书希望通过第二章的论述，使意大利、法国和英国三个地区的博学好古研究各自的特征得以明晰化。第二章还希望通过对重点人物研究工作的简述和对学术思想的基础（团体、机构和交流方式）的介绍，思考关于英国之所以形成自身研究特色的原因。

第三章探讨当时的英国学者在论述罗马征服之前的时期时，如何徘徊在传说与出土资料之间，而在论述罗马征服时期的历史时，又如何在赞扬罗马文明的辉煌与赞赏古布列吞人的纯洁的英勇气质之间摇摆不定。如何定义"外来者"在英国古史上的地位，对于英国本民族历史的塑造起了关键作用。实际上，不同英国人所站的各自的政治立场在很大程度上决定了他们关于民族起源的论述。但随着博学好古研究的进步，独立于"外来者"的英国民族政治史与民族教会史将最终占据主导地位。

在第四章中，本书通过对考察英国人结合了博学好古方法的中古研究，揭示出英国民族史上的盎格鲁－撒克逊时期得到了同时代学者正面的评价。对于民族史而言，盎格鲁－撒克逊时期将为英国的封建制度和议会制度证明其连续性与一致性。对于推动民族史学发展的作用而言，对盎格鲁－撒克逊及其后中世纪的博学好古研究，建立了英国自己的古代语言文字学。由于罗马的政治和宗教影响在文艺复兴时期一直被刻意地排除，因而古代英语和更古的盎格鲁－撒克逊语的地位较之拉丁语得以上升。英国民族史书写借助这方面的研究抹去了中世纪的"黑暗"，这里被抹去的，一方面是中世纪落后的假象，另一方面则是缺乏历史事实的贫瘠性。

第五章中，本书拟从基督教思想与基督教古物两个方面来论述基督教研究中的博学好古研究。第五章首先回顾文艺复兴使基督教产生的基督教人文主义对民族史书写产生的影响，其次考察英国的宗教史和教会史在博学好古研究者笔下呈现的面貌，最后对英国教堂和修道院古物的研究同样体现了博学好古研究的英国特征。

在结论部分，本书拟从整体上探讨博学好古研究对英国民族史学以及西方民族史学的推动作用。博学好古研究首先在社会上造成了一种理性地看待古代历史和古代遗存的精神风气，只有在这种时代精神的指引下，博学好古研究所带动的民族史学的辅助学科才能够兴起。在经过了启蒙思想家的质疑以后，学者们认识到了博学好古研究与民族史学区隔开来的弊端，因此逐渐学会像吉本那样在自己的研究中注意两者的融合。博学好古研究的停滞并没有使古典主义民族史书写东山再起，而是让历史学家意识到，只有充分认识并运用博学好古对待史料的方法，拓宽史料的范围，并吸收辅助学科的成果，才能够让民族史从"民族史书写"发展到"民族史学"。

目 录

导 言 …………………………………………………………… (1)
  第一节 概念辨析 ……………………………………………… (1)
    一 关于"博学好古"概念的辨析 ………………………… (1)
    二 关于"民族史书写"概念的辨析 ………………………… (3)
  第二节 文献与研究综述 ……………………………………… (7)
    一 原始文献综述 …………………………………………… (7)
    二 国外研究综述（20世纪40年代至今）………………… (8)
    三 国内研究综述 …………………………………………… (19)
  第三节 研究意义和主要内容 ………………………………… (25)
    一 研究意义 ………………………………………………… (25)
    二 主要内容 ………………………………………………… (25)
  本章小结 ………………………………………………………… (27)

第一章 人文主义与英国的民族史书写 …………………… (29)
  第一节 文艺复兴时期的人文主义 …………………………… (29)
    一 人文主义者对古代的热情 ……………………………… (29)
    二 大游学 …………………………………………………… (32)
    三 文本批评的兴起 ………………………………………… (34)
  第二节 人文主义的历史思想 ………………………………… (36)
    一 弗朗西斯·培根的历史哲学 …………………………… (36)
    二 历史技艺 ………………………………………………… (40)
  第三节 人文主义与英国的民族史书写 ……………………… (43)
    一 世俗编年史传统 ………………………………………… (43)

二　波利多尔·维吉尔的《英国史》……………………………(44)
　　三　伊丽莎白时代的民族史书写……………………………(45)
　本章小结……………………………………………………………(48)

第二章　博学好古研究的演变……………………………………(49)
　第一节　古希腊罗马时期的博学好古研究………………………(49)
　　一　古希腊时期………………………………………………(49)
　　二　希腊化时期………………………………………………(52)
　　三　古罗马时期………………………………………………(54)
　第二节　文艺复兴时期意大利的博学好古研究…………………(56)
　　一　中世纪晚期至文艺复兴早期……………………………(56)
　　二　波焦·布拉乔利尼…………………………………………(57)
　　三　弗拉维奥·比昂多…………………………………………(58)
　第三节　文艺复兴时期欧洲其他地区的博学好古研究…………(60)
　第四节　文艺复兴时期英国的博学好古研究……………………(63)
　　一　约翰·利兰…………………………………………………(63)
　　二　威廉·卡姆登………………………………………………(66)
　　三　其他博学好古研究者……………………………………(69)
　　四　学术团体、学术机构与学术交流………………………(71)
　本章小结……………………………………………………………(76)

第三章　博学好古研究与古史研究………………………………(77)
　第一节　罗马征服之前的历史……………………………………(77)
　　一　传说与基督教经典文本…………………………………(77)
　　二　古代布列吞人……………………………………………(80)
　　三　巨石阵与石圈……………………………………………(84)
　第二节　罗马征服时期的历史……………………………………(88)
　　一　学术背景…………………………………………………(88)
　　二　具体的博学好古研究……………………………………(91)
　第三节　民族起源研究与民族史…………………………………(95)
　　一　民族史书写的背景………………………………………(95)

二　"蒙茅斯的杰佛里"传统 …………………………………（96）
　　三　博学好古研究与民族史书写 …………………………（101）
　本章小结 ……………………………………………………（105）

第四章　博学好古研究与中古研究 ……………………………（106）
　第一节　16世纪下半叶的中古研究 ………………………（106）
　　一　中古研究的动机 ………………………………………（106）
　　二　马太·帕克的研究小组 ………………………………（109）
　第二节　17世纪上半叶的中古研究 ………………………（112）
　　一　中古研究的语言问题 …………………………………（112）
　　二　卡姆登的中古研究 ……………………………………（115）
　　三　塞尔登和斯倍尔曼的中古研究 ………………………（118）
　第三节　索姆纳的语言研究 …………………………………（120）
　本章小结 ……………………………………………………（124）

第五章　博学好古研究与教会史书写 …………………………（125）
　第一节　文艺复兴时期教会史书写的变化 …………………（125）
　第二节　博学好古研究与教会史书写 ………………………（128）
　　一　厄谢尔的教会史书写 …………………………………（128）
　　二　斯倍尔曼对宗教大会的研究 …………………………（130）
　　三　塞尔登的什一税研究与比较宗教学 …………………（132）
　第三节　对基督教古物的关注 ………………………………（135）
　　一　对侵犯教产行为的谴责 ………………………………（135）
　　二　挽救墓葬纪念碑 ………………………………………（137）
　本章小结 ……………………………………………………（141）

结　论 ……………………………………………………………（143）

附录　人名及专有名词翻译对照表 ……………………………（152）
　一　人名 ……………………………………………………（152）
　二　其他专有名词 …………………………………………（168）

参考文献 ……………………………………………（177）
　原始文献 ……………………………………………（177）
　研究著作 ……………………………………………（178）

后　记 ……………………………………………（186）

导　　言

第一节　概念辨析

本书的主题是英国文艺复兴时期博学好古研究与民族史书写的关系，因而笔者首先在本节中对"博学好古"和"民族史书写"这两个概念分别进行辨析。

一　关于"博学好古"概念的辨析

关于"博学好古"（antiquarianism）概念，根据《牛津英语词典》（*The Oxford English Dictionary*）的解释，[①] 它可以指研究方向、学术兴趣、品位或热情四个方面，这四个方面都与"古"（antiquities）有关。在英语中，"antiquity"借自法语的"antiquité"，它是"antique"的变形，最早可以追溯到拉丁语的"antīqu‑us"与"antīc‑us"，本义指"先前的""早先的""古的"。中国学界常把"antiquity"翻译为"古物"，进而将"antiquarianism"翻译为"古物学"，只得其义之一。而在英语中，除去已废的词义，"antiquity"可以指：

1. 作为抽象名词使用
（1）老旧的或古旧的性质；持久性、老旧性、古老性。
（2）古老的特点或风格。

[①] J. A. Simpson and E. S. C. Weiner prepared, *The Oxford English Dictionary*, Vol. 1, Oxford: Oxford University Press, 1989, pp. 531–533.

2. 隐含义

(1) 古老的时间。可泛指。可特指中世纪之前的时期，即古希腊和古罗马时代。可特指基督教或教会发展的早期。

(2) 集合名词，指古代的人或作家，等同于"the Ancients"。

(3) 用作复数，指较早时代的举止、风习、先例或事件；古代档案记录。

(4) 用作复数，指古代的遗存或纪念物。

(5) 用来构成复合词。

可见，"antiquity"不仅指古物，也指古事或古人。在实际的使用中，它可单独指代，也可兼指。所以，把"antiquity / antiquities"译作"古物"，以及把"antiquarianism"译作"古物学"，都是不全面的。另外，汉语词汇"古物学"也并不是严谨的术语。《中国大百科全书·考古卷》在前言中说：

> 到清代末叶（19世纪），金石学的研究对象从铜器、石刻扩大到其他各种古物，所以有人主张将金石学改称为"古器物学"。由于清末至中华民国时期的"古器物学"已接近于近代考古学，所以也有人把欧洲文字中的"考古学"一词译为"古物学"（如1931年商务版《百科名汇》）。其实，中国的这种"古器物学"并不等于考古学，要经过系统化以后才可成为考古学的一部分。①

由于笔者研究的核心对象是文艺复兴时期西欧独特的学术现象，因此以"古物学"称呼它会引起混淆。笔者有另文专论中国"古物学"或"古器物学"与欧洲类似的学术现象之间的异同。②

之所以取"博学"与"好古"两个汉语词来翻译"antiquarianism"，基于如下理由：首先，"好古"即来自这个单词的英语义，既包括了它的"品位与热情"的内容，也包括了它与古代有关的性质。其

---

① 夏鼐、王仲殊：《考古学》，《中国大百科全书·考古学》，中国大百科全书出版社1986年版，第1页。

② 朱晶进：《试论欧洲博学好古研究与中国金石学的异同》，《求索》2010年第2期。

次，"博学"可能最早出自对 J. W. 汤普森《历史著作史》（下卷）的第 37 章题名 "The Age of Erudition (ca. 1600—1750)" 的直译：① "博学时代（约 1600—1750 年）"，它主要指的是对古代档案和抄本（以此为主但不限于此）的整理和研究。在该书中译本出版之前的 1984 年所出的孙秉莹著的《欧洲近代史学史》中就已经专章论述"博学派史学"。② 1987 年，谭英华则在《十六至十七世纪西方历史思想的更新》一文中明确指出"博学时代"的说法来自汤普森的著作。③ 而谢德风的译本至 1988 年才出版，我们可以推测，国内西方史学史学界在 20 世纪 80 年代可能对此问题有所共识。之后，我国学者在西方史学史教材或专著中，即沿用"博学时代"之说。但值得注意的是，谭先生已经提出，这一时代的学术史实际上无法由"博学"一词所完全概括。关于这个问题，下文将做进一步探讨。总之，"博学"包括了 "antiquarianism" 的学术研究方面的内容。

二　关于"民族史书写"概念的辨析

关于"民族史书写"（historical writing）一词，它的中心词是"书写"（writing），它的修饰词是"历史"（history）。本节先考察"历史"一词在西方学术界的含义。

（一）什么是"历史"

在现代英语中，"历史"（history）常指人类过去活动的总和，或者指对这些活动的记录。但这种记录不限于有文字的记录。在现代历史学界，"history"一词常对应于汉语中的"历史"或"史学"，因此在某些情况下，它指人类过去活动的总和，在另一些情况下则是指对人类过去活动性质的研究。从现代史学史的角度看，"history"则是一个含义

---

① ［美］J. W. 汤普森：《历史著作史》（下卷），谢德风译，商务印书馆 1988 年版。该书初版于 1942 年。
② 孙秉莹：《欧洲近代史学史》，湖南人民出版社 1984 年版。
③ 谭英华：《十六至十七世纪西方历史思想的更新》，《历史研究》1987 年第 4 期，第 28 页注。

不断在演变的概念，也可以指一种有普遍特征的创作传统。①在汉语中，1979年版《辞海》对"历史"的定义是："广义的历史泛指一切事物的发展过程，通常仅指人类社会的发展过程，习惯上人们把有关历史的记载和阐述也称为历史。"②而对"史学"的定义是："社会科学的一个分支。研究和阐述人类社会发展的具体过程及其规律性的科学。"③可见，汉语中的"历史"一词可与英语的"history"互通；但是对于"史学"而言，西方学者的理解更为宽泛，而中国学者的阐述带有意识形态色彩。

西方学界认为，"历史"体裁一直可以追溯到古希腊的希罗多德时期，它是文学的一支。但在罗马共和国末期，著名学者西塞罗对"历史"的看法影响了19世纪之前的大部分历史学者，他说：

> 在希腊人那里，最富有口才的人们并不从事诉讼演说，而是在其他事业上显露才能，特别是从事民族史书写。例如即使那位希罗多德，尽管是他第一个润饰历史这种体裁，但是据我们所知，他完全没有从事过诉讼演说，然而他的语言却达到这样的水平，以至于也能给我……以巨大的快乐。在希罗多德之后是修昔底德，在我看来，他很容易地在语言艺术方面超越了所有的人。他记述的事件如此纷繁，内容如此丰富，以至于书中的思想不少于词语的数量；语言是那样的合适和凝练，以至于令人难以断定究竟是语言使事件发光，还是思想使词语生辉。④

可以注意到，西塞罗认为，民族史书写事业比纯粹的诉讼演说事业更高尚。这是因为演说术具有教导、鼓舞和抚慰的功能，而且，结合了

---

① 参见 Harry Ritter, *Dictionary of Concepts in History*, Westport: Greenwood Press, 1986, p. 193; H. E. Barnes, *A History of Historical Writing*, New York: Dover Publications, 1963, p. 3。
② 参见辞海编辑委员会编《辞海》（上），上海辞书出版社1979年版，第334页；郑天挺等主编《中国历史大辞典》（上），上海辞书出版社2000年版，第416页。
③ 辞海编辑委员会编：《辞海》（中），上海辞书出版社1979年版，第1658页。
④ ［古罗马］西塞罗：《论演说家》，王焕生译，中国政法大学出版社2003年版，第243页。参见陈恒选编《西方历史思想经典选读：英文》，北京大学出版社2008年版，第48—51页。

演说术的民族史书写还具备了客观和理智的特点：

> 当需要就重要的事情提供意见的时候，演说家的意见会得到庄严的陈述。演说家能够鼓舞萎靡不振的人民，抑制放肆无羁的人们；演说家能靠自己的能力使行欺诈的人遭受毁灭，使无辜的人获得拯救。谁能够更热烈地鼓励人们培养美德？谁能够更激烈地召唤人们避免过失？……而历史，这时代的见证，真理的光辉，记忆的生命，生活的老师，古代社会的信使，除了演说家之外，还有什么其他声音能使它永存不朽？①
>
> 你们看出历史给演说家提出了什么义务吗？我想也许首先是演说辞要平稳流畅、丰富多样；我没有看见修辞学家们为这一部分专门讲授过什么规则，因为它们实际上是有目共睹的。有谁不知道，历史的首要原则是不可有任何谎言，其次是不可有任何不真实，再次是书写时不可偏袒，不可怀怨？……建筑物本身则由事件和语言构建。叙述事件要求有时间顺序，有地点描写。由于人们对重大的和值得记忆的事件要求的首先是计划，其次是行动，然后是结局，因此，在叙述计划时需要指出作者赞成什么，在叙述发生过的事件时不仅要说明发生了什么和说过什么，而且还要说明是怎样发生的和怎样说的，在说明事件结局时要阐述清楚所有的原因，不管是偶然性的，或是符合理智的，或是轻率的行为，最后在谈到声誉、名望都很昭著的人物时不仅要说明他们的业绩，而且要说明他们的生活和性格。最后，词语特色和语言风格要通顺流畅，轻松平稳如涌溢的流水，没有审判语言的严厉，没有诉讼语言惯有的尖刻。②

从上面的材料可以看出，西塞罗提出的民族史书写传统包括如下两点：第一，历史作品必须结合演说术才是优秀的；第二，历史作品具有教导、鼓舞和抚慰人心的功能。而客观与理智是历史的天然性质，所

---

① ［古罗马］西塞罗：《论演说家》，王焕生译，中国政法大学出版社2003年版，第227页。
② 同上书，第249—251页。

以，历史作品为了能够结合演说术的优点并具备教导等功能，客观性与理智性似乎是可以降到次要地位的。因而，过去的"history"概念仍然具备"story"（故事）的含义；可见，它与现代史学不能相互协调，它属于文学的一支。①另外，博学好古研究著作由于缺乏故事性（叙事）、修辞性（演说）和教导功能，所以在文艺复兴时期学者的眼中，历史作品与博学好古作品有很大不同。

（二）什么是"民族史书写"

关于"书写"（writing）一词，在现代英语中，它作不可数名词使用时是指任何写下来的东西，或者在广义上指以符号或字母表达语言的过程。而"historical writing"中的"historical"是从"history"衍生而来的形容词，指与"history"有关的一切。所以，只要与历史有关的任何写下来的东西，都能称为"民族史书写"。

与"民族史书写"有很大关系的还有"historiography"一词，它也可以指"民族史书写"，或者指现代学科的一个分支。汉语称之为"史学史"。实际上，因为"史学"的含义比"民族史书写"更狭窄，所以，将"historiography"译为"民族史书写史""历史著作史""历史作品史"是可行的。虽然目前中国学界"史学史"的研究对象不限于学科分支意义上的"史学"，但是提到"史学史"这个词的时候，关于"一切民族史书写"的含义对于大部分学者来说是不言自明的。然而这种提法不确切。而在英语中，"history of history""history of historical writing"和"historiography"三种说法是互通的。

在本书的研究背景中，由于研究对象有时间的上下限，因此文艺复兴时期的英国民族史书写的外延更为具体。意大利的马基雅维里和奎恰尔迪尼复兴了古典的世俗历史范式，而世俗历史的创新在于，它与修道院编年史有很大差别。世俗历史排除上帝的作用之后，"过去"和"现在"就不会共同指向不可更改的未来（基督教"最后的审判"）了。从此可以推断，人文主义历史家眼里的"过去"与"现在"是不同的，所以过去的与现在的文字记载也是不同的。当时学者对古代文本的整

---

① 参见 Harry Ritter, *Dictionary of Concepts in History*, Westport: Greenwood Press, 1986, p. 194.

理、编修和批评，正是从这里发展成为与西塞罗传统有别的"博学好古"研究。

关于英国的"民族史书写"情况是：从都铎王朝中期到18世纪中叶，最畅销的和最受好评的著作类型是通史、传记与传统政治军事叙事史。虽然相对来说，博学好古研究著作印数较少，但它明显是"民族史书写"的外延，这是因为博学好古研究著作也是关于人类过去的文字记录。虽然当时历史作者几乎没有职业"历史学家"，而且，"虽然在牛津大学和剑桥大学设立了'历史讲席'，但是充任讲座教授的学者实际上几乎不做'史学研究'，市面上的历史著作很少是他们写的"。①

根据上面对"博学好古研究"与"民族史书写"两个概念的分别辨析，笔者在本书中，视上下文将"antiquity / antiquities"译为"古物""古代""古典时代""古史"等；将"antiquarianism"译为"博学好古"或"博学好古研究"，它指的是区别于传统政治军事叙事史的一种撰史传统以及在这种传统下撰写的著作。至于"历史""民族史书写"和"史学"等概念的内涵与外延都在不断地演变。在本书中，笔者视上下文将"historical writing"译为"民族史书写""历史作品"或"历史著作"，它既指作品本身，也指书写实践；民族史书写涵盖一切与过去有关的书写实践与书写产品。所以，博学好古研究是民族史书写的一个重要形式，它在文艺复兴时期对民族史书写的其他形式产生影响，后来发生变化，并在19世纪融入其他民族史书写形式，促成科学历史学的成形。

第二节 文献与研究综述

一 原始文献综述

关于文艺复兴时期英国的博学好古研究与民族史书写这个题目，其原始文献主要是那个时代的相关著作。表1列举了国内主要图书馆收藏

---

① Laird Okie, *Augustan Historical Writing: Histories of England in the English Enlightenment*, Lanham, Maryland: University Press of America, 1991, p. 9.

的和互联网上可免费阅读或下载的原始文献。

二 国外研究综述（20世纪40年代至今）

1942年，汤普森（J. W. Thompson）主编了两卷本《历史著作史》(A History of Historical Writing)。[①] 该书第二卷第一章专门论述"博学时代"，主要列举了欧洲各国研究文献的学者。虽然这一章资料较全，但是未能提出概括性的论点。另外，这部著作影响了很多中国学界的相关讨论（详见本书国内综述部分）。

表1　　　　　　中国国内易于获取的相关原始文献

作者	标题	编译者或出版者	可获版本	获取途径
Polydore Vergil	波利多尔·维吉尔的英国史（Polydore Vergil's English History）	Sir Henry Ellis, Camden Society	1846年版	Google Books
John Foxe	福克斯的殉教者之书（Foxe's Book of Martyrs）	University of Sheffield	2004年版	HRIONLINE Google Books
John Stow	伦敦调查（A Survey of London）	William John Thoms	1842年版	Google Books ECCO
Francis Bacon	学术的进展与新工具（Advancement of Learning and Novum Organum）	The Colonial Press	1900年版	四川大学图书馆 Google Books
John Leland	博学好古研究者约翰·利兰的旅记（The Itinerary of John Leland the Antiquary）	Thomas Hearne	1745年版	Google Books ECCO
William Lambarde	肯特巡视记（The Perambulation of Kent）	W. Burrill	1826年版	Google Books
William Camden	大不列颠志（Britannia）	Thoemmes Press	2003年版	国家图书馆
William Camden	威廉·卡姆登的诗（Poems by William Camden）	Studies in Philology, Vol. 72	1975年版	JSTOR

[①] J. W. Thompson, *A History of Historical Writing*, New York: Macmillan, 1942.

续表

作者	标题	编译者或出版者	可获版本	获取途径
Richard Verstegan	恢复已腐坏的智慧（*A Restitution of Decayed Intelligence*）	Kirton	1605—1673年版	EEBO
James Ussher	詹姆斯·厄谢尔全集（*The Whole Works of the Most Rev. James Ussher*）	Hodges and Smith	1847年版	Google Books
John Weever	古代墓葬纪念碑（*Antient Funeral Monuments*）	W. Tooke	1767年版	ECCO Google Books
Henry Spelman	渎圣的历史与宿命（*The History and Fate of Sacrilege*）	J. Masters	1853年版	Google Books
William Dugdale	沃里克与沃里克城堡古物（*The Antiquities of Warwick, and Warwick Castle*）	J. Sharp	1786年版	Google Books ECCO
Thomas Hearne	好古论文集（*A Collection of Curious Discourses*）	T. Evans	1773年版	Google Books
Anthony Wood	牛津大学史（*The History and Antiquities of the University of Oxford*）	John Gutch	1792—1796年版	ECCO Google Books

注：表1所列在线数据库访问地址为

1. ECCO（Eighteenth Century Collections Online）：http://www.gale.cengage.com/DigitalCollections/products/ecco/index.htm.
2. EEBO（Early English Books Online）：http://eebo.chadwyck.com/home.
3. Google Books：http://books.google.com.
4. HRIONLINE（Humanities Research Insitute Online）：http://www.hrionline.ac.uk.
5. JSTOR（Journal Storage）：http://www.jstor.org.

  1943年，大卫·道格拉斯（David C. Douglas）在《英国学者》（*English Scholars*，1943年）[①]中对17世纪君主制复辟后的70年内（1660—1730年）的英国中古研究史做了阐述。他提出，当时中古研究高潮的时代背景是法学和医学教育的乡绅阶层的兴起，他们普遍有一种

[①] David C. Douglas, *English Scholars*, London: Jonathan Cape, 1943.

博学好古的热情，而这种学术兴趣并非查理二世重登王位之后的新现象。博学好古不仅是中古研究的动力，而且使历史方法在17世纪后半叶发生了深刻变化。道格拉斯认为，由16世纪的莎士比亚（William Shakespeare）普及的宗教和民族意识，也是两个比较重要的诱因。从而，这个时代的学术特色就是：排斥经院哲学，发展培根方法，助长实验科学，并能够区分"事实"与形而上学的"真理"之间的差别，于是，关于"历史事实"为何物这个问题也在新的学术氛围下得到了新的思考。加州大学的琳达·凡·诺登（Linda Van Norden）则写了题为《伊丽莎白时代的博学好古研究者学会》（The Elizabethan College of Antiquaries，1946年）的博士论文，[1] 但并未正式出版。

20世纪50年代，研究成果增多。发表于1950年的著述主要有：其一是莫米里亚诺的论文《古代历史与博学好古研究者》（"Ancient History and the Antiquarian"）[2]，这篇论文勾勒了从古希腊到19世纪的博学好古研究，第一次把博学好古作为一种独立于政治军事叙事史的传统来讨论。此后很多学者都是在这篇论文的框架基础上做进一步讨论的。其二是托马斯·肯德里克（Thomas D. Kendrick）的《不列颠之古》（British Antiquity，1950年）[3]，作者把英国博学好古研究的思想往前追溯到12世纪，当时有一名为蒙茅斯的杰佛里（Geoffrey of Monmouth）的作者写有《不列颠诸王史》（Historia Regum Britanniae，此后英国史学编纂的主要史料来源之一）。[4] 肯德里克通过这部著作主要厘清了近代早期英国史学编纂和书写的源流。其三是斯图亚特·皮哥特（Stuart Piggott）的《18世纪博学好古研究者威廉·斯图克利》（William Stukeley: An Eighteenth-Century Antiquary，1950年）。[5] 皮哥特是一位专事英国史前史的考古学家，他从这部著作开始逐渐确立了自己在考古学史上

---

[1] Linda Van Norden, The Elizabethan College of Antiquaries, PhD thesis (University of California, Los Angeles), 1946.

[2] Arnaldo Momigliano, "Ancient History and the Antiquarian", Journal of the Warburg and Courtauld Institutes Vol. 13, 1950, pp. 285–315.

[3] Thomas Downing Kendrick, British Antiquity, Methuen, 1950.

[4] 此书有中译本。参见陈默译《不列颠诸王史》，广西师范大学出版社2009年版。

[5] Stuart Piggott, William Stukeley: An Eighteenth-Century Antiquary, London: Clarendon Press, 1950.

的权威地位。他认为,威廉·斯图克利虽然生活在17、18世纪之交,但其成就在考古学史上足以成为"科学考古"的奠基人。

1956年,为了纪念博学好古研究者威廉·达格代尔(William Dugdale)的《沃里克郡古物》(Antiquities of Warwickshire,1656年)出版300周年,列维·福克斯(Levi Fox)主持编纂了史学史论文集《16、17世纪的英国历史研究》(English Historical Scholarship in the Sixteenth and Seventeenth Centuries,1956年)。[①] 论文集的前言中提到了"达格代尔学会"(Dugdale Society)这样的学术团体,指出《沃里克郡古物》不仅是地方史书写的里程碑,而且是研究物质材料的新方法的范例。被收录的论文分别论述不同的博学好古研究对象,如公共档案、谱系、纹章、特许状等。其中最重要的有两篇文章:皮哥特的《16和17世纪的博学好古思想》("Antiquarian Thought in the 16th and 17th Centuries")与毛里斯·鲍威克(Maurice Powicke)等人的《16和17世纪学术对现代历史研究的价值》("The Value of 16th-and 17th-Century Scholarship to Modern Historical Research"),它们定下了一个主流基调,即博学好古研究既为现代历史学提供了新方法和新取径,又成为现代考古学的先驱。

1957年,学界出现了一部具有独创性的专著,即波考克(J. G. A. Pocock)的《古代宪制与封建法——对17世纪英国历史思想的研究》(The Ancient Constitution and the Feudal Law: A Study of English Historical Thought in the Seventeenth Century,1957年)。[②] 此书并非关于博学好古的专门研究,但它的价值在于提出了17世纪英国史学思想与政治思想之间的密切关系,这是对两者关系的标本性研究。虽然它要到70年代末在凯文·夏普(Kevin Sharpe)那里才受到重视,但如今已经成为研究17世纪英国的经典作品。

20世纪60年代是转折点,当今学界的主流观点都来自这个时期。首先是F. 史密斯·法森纳(F. Smith Fussner)的《史学革命——

---

① Levi Fox edited, *English Historical Scholarship in the Sixteenth and Seventeenth Centuries*, London: Oxford University Press, 1956.

② J. G. A. Pocock, *The Ancient Constitution and the Feudal Law: A Study of English Historical Thought in the Seventeenth Century*, Cambridge: Cambridge University Press, 1987.

1580—1640年英国的史学书写与思想》(*The Historical Revolution: English Historical Writing and Thought*, 1580 - 1640)。① 我国学者高岱曾在20世纪90年代将"史学革命"这一概念介绍进来,② 也就是说,这近两百年间,英国的历史学有了突破性的进展,历史学者从记载编年史发展为依据原始资料重现历史,这伴随着对抄本、档案、特许状与地契的整理和研究。其次是阿纳尔多·莫米里亚诺(Arnaldo Momigliano)写了一篇重要的论文《古代史与博学好古研究者》("Ancient History and the Antiquarian", 1966年),③ 他提出博学好古起源于古希腊,而不是近代早期的新事物。他同意"史学革命"的说法,还认为这一革命是遍及欧洲的,其中心就是博学好古。他说自己是第一个把"史学革命"与"博学好古"联系在一起的学者,"博学好古研究者的时代设置了历史学方法的标准,提出了相关的问题,而这种历史学方法我们在今天几乎不能称之为过时的"。④ 在这篇论文中,莫米里亚诺依次论述了博学好古的起源、17—18世纪关于历史材料价值的争论和18—19世纪博学好古研究者与历史学者的争论。他以精短的篇幅,有条有理地厘清了博学好古的历史。⑤

1967年,F. J. 列维(F. J. Levy)出版了《都铎时期的史学思想》(*Tudor Historical Thought*, 1967)。⑥ 这是一部关于英国近代早期史学史的名著,其中专辟一章论述博学好古。作者在此著中娴熟地运用了比较方法,将英国史学史放在整个欧洲大陆的背景下考察。作者认为,英国的史学思想与它的帝国理想有关,当时英国史学的目的之一就是要使英国在历史上成为罗马帝国的一部分。但是,文艺复兴思潮对这种史学编

---

① F. Smith Fussner. *The Historical Revolution: English Historical Writing and Thought*, 1580 - 1640, New York: Columbia University Press, 1962.

② 高岱:《英国的第一次史学革命》,《世界史研究动态》1993年第5期,第40—43页。

③ Arnaldo Momigliano, "Ancient History and the Antiquarian", *Studies in Historiography*, New York: Garland Publishing Inc., Reprinted 1985.

④ Ibid., p. 2.

⑤ 关于"史学革命"一说,学术界有争论。J. H. Preston 在1977年对有关争论进行了梳理,参见 J. H. Preston, "Was there an Historical Revolution?", *Journal of the History of Ideas*, Vol. 38, 1977。又参见本书在结论部分的论述。

⑥ F. J. Levy, *Tudor Historical Thought*, Toronto: University of Toronto Press, Reprinted 2004.

篡的局面产生了作用。当时学者们在面临把英国的过去追溯到特洛伊或罗马帝国两种起源时，因为宗教改革争论自身必须依靠人文主义历史观，所以在为英国教会史正本清源时，他们就怀疑布鲁图斯（Brutus）和特洛伊的传说了，从而用罗马帝国的起源代替了特洛伊的起源。另外，由于英王亨利八世（Henry Ⅷ）和爱德华六世（Edward Ⅵ）的宗教政策对修道院和大学的藏书造成了严重破坏，因此人文主义者就自发地来保护和整理与过去有关的资料，这为博学好古研究奠定了基础。

到了20世纪70年代，相关研究在一方面开始总结与反思，另一方面则出现了新的研究方式。1970年，唐纳德·凯利（Donald R. Kelley）出版《现代史学的基础：法国文艺复兴时期的语言学、法学和史学》(*Foundations of Modern Historical Scholarship：Language, Law, and History in the French Renaissance*)，① 此书明确指出博学好古研究是现代史学的前提，并且认为法国的学术成就在上述过程中起了最为关键的作用。

1976年，斯图亚特·皮哥特对自己观点进行了归纳和总结。在他的《风景中的废墟——博学好古论文集》(*Ruins in a Landscape：Essays in Antiquarianism*, 1976年)②中，他除了修改并收录了之前在1956年发表的《16和17世纪的博学好古思想》一文以外，还写了一系列相关的文章，如《威廉·卡姆登与〈不列颠〉》("William Camden and the Britannia")、《凯尔特人、撒克逊人与早期博学好古研究者》("Celts, Saxons and the Early Antiquaries")、《风景中的废墟：17、18世纪博学好古的方方面面》("Ruins in a Landscape. Aspects of Seventeenth and Eighteenth Century Antiquarianism") 和《英国郡县考古学学会的起源》("The Origins of the English County Archaeological Societies") 等。在这些文章中，他进一步明确了博学好古研究是近现代考古学的开端这个观点。这个观点在保罗·巴恩（Paul G. Bahn）于1996年出版的《剑桥

---

① Donald R. Kelley, *Foundations of Modern Historical Scholarship：Language, Law, and History in the French Renaissance*, New York: Columbia University Press, 1970.

② Stuart Piggott, *Ruins in a Landscape：Essays in Antiquarianism*, Edinburgh: Edinburgh University Press, 1976.

插图考古史》①和本世纪出版的通俗读物《考古学的过去与将来》②中仍然没有被动摇。第二年,普雷斯顿(J. H. Preston)在《观念史杂志》上发表重要论文《"史学革命"是否存在?》("Was There an Historical Revolution?"),③ 这篇总结性论文对20世纪史学史学者的观点进行了系统回顾,认为法森纳提出的英国"史学革命"观点已经软化,赞同近代早期英国史学的过渡性。

1979年,继皮哥特在50年代对斯图克利的研究之后,出现了第二部对博学好古研究者个人的研究,这就是夏普的《罗伯特·柯顿爵士:近代早期英国的史学与政治》(Sir Robert Cotton 1586 - 1631: History and Politics in Early Modern England,1979年)。④ 夏普在序言中对过去的博学好古研究做了概括性的评论。这部著作并非个人传记,而是以柯顿作为个案,阐明了当时各个学者圈子的情况,在总体上讨论了斯图亚特前期学术研究的性质,并更完整地理解了17世纪早期民族史书写与政治之间的关系。同年,我们在亚瑟·福格森(Arthur B. Ferguson)的《解缚的克里奥:文艺复兴时期英国的社会与文化的历史观》(Clio Unbound: Perception of the Social and Cultural Past in Renaissance England,1979年)⑤ 中见到了博学好古研究的新气象。首先,书名就包含了多个新名词:"感知""社会的往昔"与"文化的往昔"。作者在序言中就开门见山地说自己这本书不是"史学史",而是"一系列研究",研究的对象是"历史感"(historical perspective)。"历史感"有三个方面:第一,为阐明具体问题而书写历史;第二,为考察社会的和文化的往昔而书写历史;第三,体现对社会变化的敏感。作者发现,文艺复兴时期英国民族史书写已经逐渐脱离了仅记载"已做之事"(res gestae)做法的束缚,而是在体会社会变化的同时去多方面地记录过去。教会、法

---

① [英]保罗·巴恩:《剑桥插图考古史》,郭小凌、王晓秦译,山东画报出版社2000年版。

② [英]保罗·巴恩:《考古学的过去与将来》,覃于明译,译林出版社2008年版。

③ J. H. Preston, "Was There an Historical Revolution?", Journal of History of Ideas, Vol. 38, 1977, pp. 353 – 364.

④ Kevin Sharpe, Sir Robert Cotton 1586 - 1631: History and Politics in Early Modern England, Oxford: Oxford University Press, 1979.

⑤ Arthur B. Ferguson, Clio Unbound: Perception of the Social and Cultural Past in Renaissance England, Durham: Duke University Press, 1979.

律、语言和文明进程方面的学术史是作者考察的四个主要方面。

1983年，牛津大学艺术与考古博物馆为纪念建馆300周年，召开了以"珍宝阁"（The Cabinet of Curiosities）为主题的学术讨论会，会议论文结集为《博物馆的起源：16和17世纪欧洲的珍宝阁》（*The Origins of Museums*: *The Cabinet of Curiosities in Sixteenth - and Seventeenth - Century Europe*, 1985年），① 其中有部分文章涉及了英国绅士的"藏宝"爱好。

1987年，约瑟夫·列文（Joseph M. Levine）出版了自己的论文集《人文主义与史学——近现代英国史学编纂的起源》（*Humanism and History*: *Origins of Modern English Historiography*, 1987年）。② 其中有两篇论文专论博学好古。其一是《博学好古事业，1500—1800年》（"The Antiquarian Enterprise, 1500 - 1800"），它从意大利博学好古研究者波焦（Poggio Bracciolini）说起，厘清了直至爱德华·吉本（Edward Gibbon）的史学史源流，这篇文章也认为博学好古是英国史学史的转折。其二是《巨石田野的人铺道路：奥古斯都时期英国的考古学》（"The Stonesfield Pavement: Archaeology in Augustan England"），它是在新成果基础上对皮哥特论点的重申。

斯坦·门迪克（Stan A. E. Mendyk）的《不列颠之镜：1700年前英国的地方研究、博学好古与科学》（"*Speculum Britanniae*": *Regional Study, Antiquarianism and Science in Britain to* 1700, 1989年）③ 与福格森的作品类似，也是一部运用新史学的创新之作。正如书名所示，作者关注的是17世纪的地方史和关于地方研究的作品。他认为，以往的史学史研究都没有能够认真地考虑这些地方史，大都一笔带过，因为他们觉得地方史作者不是严肃的历史学者。现在，门迪克要为地方史学家们正名，后者应该是严肃的学者，他们扩充了历史学研究的外延，使历史学

---

① Oliver Impey and Arthur Macgregor, ed., *The Origins of Museums*: *The Cabinet of Curiosities in Sixteenth - and Seventeenth - Century Europe*, Oxford: Oxford University Press, 1985.

② Joseph M. Levine, *Humanism and History*: *Origins of Modern English Historiography*, Ithaca: Cornell University Press, 1987.

③ Stan A. E. Mendyk, "*Speculum Britanniae*": *Regional Study, Antiquarianism and Science in Britain to 1700*, Toronto: University of Toronto Press, 1989.

与地形学、地理学紧密联系在一起。作者认为自己的研究是顺应了史学潮流的,因为当时不仅英国的政治史研究的视角正在缩小到地方层面,而且由于年鉴学派的"心态"概念,英国史家正趋向于做更深一步的、更集中的地区考察。

皮哥特在1989年出版了另一部关于博学好古的著作:《古代布列吞人与博学好古想象——文艺复兴至摄政期的观念》(Ancient Britons and the Antiquarian Imagination: Ideas from the Renaissance to the Regency,1989年)。[①] 首先,这部著作把他自己的考古学研究成果与史学史研究结合了起来,力图透过博学好古研究者的眼睛看待英国史前史。其次,皮哥特重申了关于考古学史可追溯至近代早期博学好古研究的观点。应该说,皮哥特的几部著作共同构成了一个能够自圆其说的体系。最后,作者指出了博学好古对思想界其他方面的影响,这主要体现在18世纪对史前英国的想象之中,当时人或者乐观地认为古代布列吞人是生机勃勃、强悍有力的民族,或者悲观地认为德鲁依教使古代英国成了血腥的异教世界。不过上述两种想象都参与了浪漫主义的成形过程。1993年,福格森的《玄古:文艺复兴英国的史前史感知》(Utter Antiquity: Perceptions of Prehistory in Renaissance England,1993年)[②]是皮哥特上述著作的补充。另外,莫米里亚诺在1987年逝世,他生前一个系列讲座的讲稿在1992年结集出版,题为《现代史学的古典基础》(The Classical Foundations of Modern Historiography),[③] 其中关于博学好古研究的章节重申了他在20世纪中叶提出的观点。

1995年出版的《时间的纪念品:17世纪英国的博学好古研究者》(The Trophies of Time: English Antiquarians of the Seventeenth Century,1995

[①] Stuart Piggott, *Ancient Britons and the Antiquarian Imagination: Ideas from the Renaissance to the Regency*, London: Thames and Hudson, 1989.

[②] Arthur B. Ferguson, *Utter Antiquity: Perceptions of Prehistory in Renaissance England*, Duke University Press, 1993.

[③] Arnaldo Momigliano, *The Classical Foundations of Modern Historiography*, Berkeley, California: University of California Press, 1992. 中译本参见 [意] 阿纳尔多·莫米里亚诺《现代史学的古典基础》,冯洁音译,华东师范大学出版社2009年版。

年)①以博学好古研究者个人来组织材料、划分章节。我们之前已经有了关于斯图克利和柯顿的个人研究,如今,通过格拉汉姆·帕里的这部作品,我们获得了更多关于博学好古研究者个人生涯的信息。此书重点关注了学者之间的人际交往与学术交流。另外在 1997 年,不列颠图书馆还出版了一部与柯顿个人有关的论文集《作为收藏家的罗伯特·柯顿爵士:关于这位斯图亚特早期廷臣及其遗产的论文集》(*Sir Robert Cotton as Collector: Essays on an Early Stuart Courtier and His Legacy*, 1997 年)。② 三年后,德国学者提奥多·哈姆森(Theodor Harmsen)写了另一部关于博学好古研究者个人的著作《奥古斯都时代的博学好古:托马斯·哈恩》(*Antiquarianism in the Augustan Age: Thomas Hearne* 1678 – 1735, 2000 年)。③ 哈恩与柯顿类似,在整个学术生涯中参与了当时学术界的各种活动,因此他的个案也体现出宏观的学术史意义。同样值得注意的是凯利在 1998 年出版的《多面的历史》(*Faces of History: Historical Inquiry from Herodotus to Herder*),④ 此书在结合最新成果的基础上,对欧洲历史思想的发展提出了新颖的看法,但是它的重点不在民族史书写本身。

马丁·麦隆(Martin Myrone)和露西·佩尔茨(Lucy Peltz)则编辑出版了论文集《制造过去:1700—1850 年间博学好古文化与实践的方方面面》(*Producing the Past: Aspects of Antiquarian Culture and Practice* 1700 – 1850)。⑤ 从它所收的论文看,这本论文集首先体现了文化史的新潮流,认为博学好古研究者对物质对象的收藏、编纂和展示体现了社会认同与民族认同的形成过程,它们反映了博学好古研究的文化与政治

---

① Graham Parry, *The Trophies of Time: English Antiquarians of the Seventeenth Century*, Oxford, New York: Oxford University Press, 1995.

② C. J. Wright, *Sir Robert Cotton as Collector: Essays on an Early Stuart Courtier and His Legacy*, London: British Library, 1997.

③ Theodor Harmsen, *Antiquarianism in the Augustan Age: Thomas Hearne* 1678 – 1735, Bern: Peter Lang, 2000.

④ Donald R. Kelley, *Faces of History: Historical Inquiry from Herodotus to Herder*, New Haven, Connecticut: Yale University Press, 1998. 中译本参见 [美] 唐纳德·R. 凯利《多面的历史:从希罗多德到赫尔德的历史》,陈恒、宋立宏译,生活·读书·新知三联书店 2003 年版。

⑤ Martin Myrone and Lucy Peltz ed., *Producing the Past: Aspects of Antiquarian Culture and Practice 1700 – 1850*, Aldershot: Ashgate, 1999.

意义。博物馆文化或收藏文化也被纳入相关的研究视野。此后,以新视角看待博学好古和英国史学史、或者借之来实践文化史研究的做法蔚然成风。比如,丹尼尔·伍尔夫(Daniel R. Woolf)在其《往昔的社会流通:1500—1730 年的英国史学文化》(*The Social Circulation of the Past: English Historical Culture 1500 - 1730*)[1] 中说,他不想再传统地通过在文献学、古文字学和钱币学中体现的方法论成就来论述博学好古,而是想探索博学好古知识和博学好古的研究对象在社会中流通的方式,这种流通就好像货币和货物的流通有助于经济一样有助于历史意识的进步。他想要关注博学好古研究者交流的方法和目的,而这正是以往研究所忽略的。再如达纳·阿尔诺德(Dana Arnold)和斯蒂芬·本丁(Stephen Bending)编的论文集《追溯建筑:博学好古的美学》、[2] 乔纳森·斯考特(Jonathan Scott)的《乐在古物中:英国的希腊与罗马古物收藏家》[3] 和爱德华·香尼(Edward Chaney)的《英国收藏的演进:都铎和斯图亚特时期对意大利艺术的接受》[4] 三部著作都将博学好古纳入了艺术史与收藏文化的研究范畴。2004 年,罗斯玛丽·斯威特(Rosemary Sweet)结合了最新研究成果所著的《博学好古研究者:18 世纪英国对过去的发现》,[5] 以及 2007 年由 P. N. 米勒(P. N. Miller)编的论文集《莫米里亚诺与博学好古:现代文化科学的基础》[6] 则都代表了一种对以往史学史的文化史实践的总结趋势。

从上述研究综述可知,到 21 世纪初为止,对文艺复兴时期英国博学好古与民族史书写关系的研究出现了三种趋势:一是开始朝文化史方

---

[1] Daniel Woolf, *The Social Circulation of the Past: English Historical Culture* 1500 - 1730, Oxford: Oxford University Press, 2003.

[2] Dana Arnold, Stephen Bending ed., *Tracing Architecture: The Aesthetics of Antiquarianism*, Oxford: Blackwell Publishing, 2003.

[3] Jonathan Scott, *The Pleasures of Antiquity: British Collectors of Greece and Rome*, Yale University Press, 2003.

[4] Edward Chaney, *The Evolution of English Collecting: Receptions of Italian Art in the Tudor and Stuart Periods*, Yale University Press, 2003.

[5] Rosemary Sweet, *Antiquaries: the Discovery of the Past in Eighteenth - Century Britain*, London: Hambledon and London, 2004.

[6] P. N. Miller ed., *Momigliano and Antiquarianism: Foundations of the Modern Cultural Sciences*, Toronto: University of Toronto Press, 2007.

向实践；二是开辟了艺术史研究的领域；三是大部分考古学史学者认为，考古学的渊源是近代早期的博学好古研究。

三　国内研究综述

本节关于国内部分的综述，先阐述西方史学史学者的研究状况，再阐述考古学史学者的研究状况。

郭圣铭在1983年时尚未意识到英国的博学好古研究的特殊性。他在《西方史学史概要》[①]中，提到了博学好古研究者威廉·卡姆登，作者重视卡姆登受到的古典教育，将他和他的研究放在伊丽莎白一世在位时期的人文主义思潮中考察。

孙秉莹在1984年出版的《欧洲近代史学史》[②]是我国内地学界第一次大规模介绍博学好古研究的史学史专著。孙秉莹将卡姆登视为史学家兼考古学家，指出他是意大利博学好古研究者比昂多的追随者。作者按照汤普森《历史著作史》的说法，指出博学时代的鼎盛期为17世纪后期至18世纪。虽然作者没有指出博学时代的学术属于比昂多传统，但是他花费了很多笔墨列举博学时代英国的相关成就，并以16世纪的马太·帕克（Matthew Parker）为英国博学时代的起源。因为作者认为"博学派学者"（也就是本书所说的博学好古研究者）与抄本之类的文献有关，所以做田野考察的卡姆登不属于"博学派学者"的序列。尽管如此，孙秉莹在此书中介绍的英国博学好古研究者的成果，在此后很长一段时间内，我国内地学界都没有再涉及，这是一个值得注意的地方。

谭英华1987年在《历史研究》上发表《十六至十七世纪西方历史思想的更新》[③]一文。这篇文章对"博学派"的概念进行了批判性接受，指出16—17世纪历史思想虽然冲破了人文主义的局限，但是没能达到启蒙思想的高度。但这一阶段的历史思想使真实性和准确性成为治

[①] 郭圣铭：《西方史学史概要》，上海人民出版社1983年版。
[②] 孙秉莹：《欧洲近代史学史》，湖南人民出版社1984年版。
[③] 谭英华：《十六至十七世纪西方历史思想的更新》，《历史研究》1987年第4期，第28—41页。

史的一般原则,进而深化了历史观,改进了历史编纂和书写的方法。这篇文章虽然没有具体论述博学好古研究的成果,但是它从宏观的层面分析了文艺复兴至启蒙运动之间的民族史书写的思想背景,所以它对我们现在考察博学好古学术史是有很大启发的。

郭圣铭与王晴佳在1988年主编并出版了《西方著名史学家评介》,黄跃民在此书中撰写了《博学家的杰出代表——马比昂》。[①] 这篇文章可能是国内学界第一次明确提出博学好古研究的意义。虽然作者所说的"博学家"与孙秉莹的观点相同,都是指文献资料的收集者、考订者和研究者,但是作者补充指出了两个重要观点:第一,博学家未能对历史做出科学的总结和概括;第二,年代学、古文书学、古文字学、铭文学和辞书编纂学因为博学家的工作而得到很大发展,博学家的劳动推动了历史研究的深入,奠定了历史学科学化的基础。本书虽然把"博学"定义得更为宽泛,但是基本赞同黄跃民的这两个观点。

高岱在1993年发表的《英国的第一次史学革命》[②] 一文,可能是国内学界对近代早期英国民族史书写的第一次专题论述。这篇文章向国内学界引入了"第一次史学革命"的说法,指出在19世纪历史学的科学化"革命"之前,还有一次突破性进展。作者指出这些进展包括校订中世纪编年史、整理出版古代特许状、专门研究封建制度与中世纪财政状况,它们的特点是既有探索性,又是成果丰富的。作者没有提及"博学时代"的观念,也没有说到英国"史学革命"与同时代欧洲大陆学术之间的关系。因为西方学者在20世纪70年代已对"史学革命"说进行了反思,所以高岱这篇文章对中国学界而言是令人耳目一新的,但并没有真正反映西方学界的动态。

郭小凌在1995年出版的《西方史学史》,[③] 强调了文艺复兴时期英国史学的人文主义特点,但没有提到"博学"或"史学革命"之类的概念。书中说,威廉·卡姆登的《大不列颠志》一书的意义是扩充了

---

① 黄跃民:《博学家的杰出代表——马比昂》,载郭圣铭、王晴佳主编《西方著名史学家评介》,华东师范大学出版社1988年版,第99—110页。
② 高岱:《英国的第一次史学革命》,《世界史研究动态》1993年第5期,第40—43页。
③ 郭小凌:《西方史学史》,北京师范大学出版社1995年版。

史料的范围，不过没有更深入的介绍或论述。此书可能限于篇幅，对文艺复兴时期西方的民族史书写与研究的情况讲得很少。

张广智、陈新在2000年撰写的《西方史学史》[①] 中，提出英国的近代的史学进步应该从民族史书写摆脱编年史体裁开始，对托马斯·莫尔和波利多尔·维吉尔进行了介绍，但是没有指出英国编年史体裁延续很久的原因。作者虽然提出卡姆登的《大不列颠志》是"划时代的"，奠定了英国考古学走在西方前列的基础，但并没有明确指出卡姆登的研究属于比昂多的学术传统，也没有将卡姆登与"博学时代"的其他研究者联系在一起。关于"博学时代"，作者同意谭英华的观点。尽管此著论述近代的篇幅很长，且系统介绍了法国的"博学研究"，但没有提及英国的有关成就，也没有说到卡姆登之后英国在"古物研究"方面又有什么继承者。之所以产生这些问题，可能是因为这部作品并不是以英国为论述中心的。

2001年，彭小瑜发表《近代西方古文献学的发源》；[②] 2004年，米辰峰发表《马比荣与西方古文献学的发展》。[③] 前者主要是以北京大学图书馆新进文献资料为契机，介绍了西方文献学在17世纪晚期的起源。后者所说的主题虽然与20世纪80年代黄跃民的文章类似，但是米辰峰的论述更为专业，而且把马比荣放在西方文献学的传统中考察，最后比较了中西历史文献学之间的异同，具有很好的创新性。这两位学者都没有提到中国的西方史学史研究中一直使用的"博学时代"的说法，他们都认为17世纪晚期的文献学是西方史学科学化的前提之一。这摆脱了"博学时代"概念的模糊性，暗示了西方民族史书写和研究的发展并非直线，而是有一种汇流的趋势。

徐波在2005年发表《博学好古研究与西方史学》一文，[④] 可能在国内首次把莫米里亚诺的史学史观念介绍进来。作者认为，19世纪的西方史学是由两种传统汇合而成的，它们分别是博学好古研究的传统和

---

① 张广智、陈新：《西方史学史》，复旦大学出版社2000年版。
② 彭小瑜：《近代西方古文献学的发源》，《世界历史》2001年第1期，第111—115页。
③ 米辰峰：《劳伦佐·瓦拉的生平与思想》，《史学月刊》2004年第8期，第69—78页。
④ 徐波：《博学好古研究与西方史学》，《四川大学学报》（哲学社会科学版）2005年第1期，第128—139页。

古典政治军事叙事史的传统。两者对现代史学都有很大的贡献。对于英国的学术情况，作者把"古物研究者"卡姆登与其他文献研究者放在同一个博学好古研究传统中考察。作者还重点分析了博学好古研究对现代史学的积极作用，认为前者增强了历史学家的批判意识，使历史学严肃化、理智化，使民族史书写和研究在新时代中具备了近代的科学精神。本书在很大程度上同意徐波这篇文章的观点。

东北师范大学的常斌在2005年写的硕士论文《浅论社会转型中的英国史学——16、17世纪英国史学的发展演变》[①]也是一个突破。该文虽然篇幅不长，但是它系统地评述了学界关于近代早期英国史学的论点。作者认为这些论点包括：博学时代说、后期人文主义史学说、文学分支说和史学革命说。作者提出，"博学时代说"可以概括整个欧洲的史学发展状况，但是不能精确地定位英国史学；"史学革命说"则过分强调了变化的剧烈性，忽视了近代早期英国史学的传统性和不成熟性。作者提出的概念是"史学的转型时期"。虽然作者在部分上同意"博学时代说"，但他基本上没有论述英国的博学好古研究。

邹薇在2006年撰写的硕士论文《文艺复兴时期的英国史学》[②]是一篇对文艺复兴时期英国民族史书写和研究状况的综合讨论文章。此文对当时英国民族史书写与研究的特征的概括是较为全面的。虽然这篇文章没有把博学好古研究作为单独的概念拿出来讨论，但是它所描述的英国史学特征基本上包括了博学好古研究的要素，例如它提到：拓宽史料的范围，注重史料的考证与鉴别，以其他学科来辅助历史研究，卡姆登继承了比昂多"流派"。作者也指出，考证文献和遗迹古物影响了近代史学中的实证方法，而且罗伯逊和吉本两位18世纪的史家也继承和发展了博学好古与民族史书写两个方面的积极因素。本书在很多方面也赞同邹薇这篇硕士论文的观点，只不过本书是从博学好古研究与民族史书写的关系方面来重新思考上述观点的。

邹薇的硕士论文与常斌的硕士论文相比，前者在讨论史学史本身方

---

① 常斌：《浅论社会转型中的英国史学——16、17世纪英国史学的发展演变》，硕士学位论文，东北师范大学，2005年。

② 邹薇：《文艺复兴时期的英国史学》，硕士学位论文，四川大学，2006年。

面是出色的,后者则在国内外研究综述方面见长。它们与下文即将提到的陆瑾的硕士论文,是近年来没有公开发表,但在英国史学史研究上各有所重的研究成果,它们综合起来就很好地勾勒出了近代早期英国民族史书写和研究的全貌。

2006年之后,中国内地学界尚未出现与本书的主题有直接关系的重要作品。但与英国近代早期史学史相关的至少有三篇论文。其一是武汉大学的陆瑾在2007年写的硕士论文《17世纪英国的史书阅读》。① 此文的视角非常新颖,提到英国的博学好古研究者的读书笔记对英国历史研究的发展有积极影响。其二是张井梅在2008年发表的《浅论西方史学史上的"博学时代"》。② 此文明确了"博学时代"与西方历史学科学化之间的紧密联系。其三是笔者在2010年的拙文《试论欧洲博学好古研究与中国金石学的异同》,③ 此文把金石学与博学好古研究之间的比较放到史学史的脉络中考虑,在考古学史领域之外,补充了看待西方学术史中实物研究和田野考察方面的新视角;但是这篇文章对欧洲博学好古研究的认识较为笼统。

国内考古学界对博学好古的实物研究和田野考察方面进行了探讨。

考古学家俞伟超在1987年发表的《关于"考古地层学"问题》、1989年发表的《考古学研究中探索精神领域活动的问题》和《借鉴与求真》中,④ 可能是首次在国内学界提出了博学好古研究与考古学学科史的关系问题。虽然在本书的研究中,博学好古研究包括文献研究、实物研究和田野工作等方面,但是在当时的中国内地学界,学者们将文献研究独立出来当作"博学研究"处理,属于西方史学史的范围;后两个方面则属于考古学史的范围。俞伟超在提到博学好古研究时的用词就是关于"古物"的研究,收集和研究古物是考古学的萌芽时期。古物研究不具备科学性,但是发展形成了美术考古学和博物馆学中的分类思

---

① 陆瑾:《17世纪英国的史书阅读》,硕士学位论文,武汉大学,2007年。
② 张井梅:《浅论西方史学史上的"博学时代"》,《史学史研究》2008年第3期,第65—73页。
③ 朱晶进:《试论欧洲博学好古研究与中国金石学的异同》,《求索》2010年第2期,第224—226页。
④ 这三篇文章后来收入《考古学是什么:俞伟超考古学理论文选》,中国社会科学出版社1996年版。

想。俞伟超明确地指出，古物研究必须在应用地层学和类型学之后才能成为成熟的现代考古学。

考古学者杨建华在 1999 年出版的《外国考古学史》中，① 系统地论述了博学好古研究中的实物研究和田野考察方面与考古学的关系。作者把现代考古学之前的实物研究与田野考察定义为"古物学"。他的论述比俞伟超的更为系统，也更为详细，并且专门论述了英国的"对欧洲蛮族古迹的调查和描述"。在这一节中，他介绍了约翰·利兰、威廉·卡姆登、罗伯特·普洛特、爱德华·路易德和约翰·奥伯雷等博学好古研究者中以实物、实地研究为主的学者。作者将奥伯雷称为英国第一位考古学家，这也是国内著作中少见的提法。最后作者指出，由于判断古物年代的方法没有产生，所以古物学停留在了资料收集阶段。

陈淳在 2003 年出版的《考古学的理论与研究》和在 2004 年出版的《当代考古学》中，② 指出"古物学"是考古学的基础。作者提出，英国的古物学与意大利的古物学不同，前者更关注文物的历史背景资料，后者更关注文物的艺术价值，所以英国的古物学才是考古学的真正基础。作者也更明确地提出，古物学不能直接发展为现代考古学；对这个问题的解释，作者同意杨建华的观点，即认为古物学学者缺乏文物的断代方法。可以说，国内考古学界对博学好古中的实物研究和田野考察方面与考古学的关系的观点，基本上是一致的，没有太大的变化；陈淳可能是国内第一个提出英国学界独特性的学者，杨建华虽然关注英国，但只是进行了简单介绍而已。

从上述研究综述可知，中国内地学界关于文艺复兴时期英国博学好古研究与民族史书写的讨论主要存在以下不足：第一，大部分学者过度区分文献研究方面与实物和田野考察方面，没有把这两个方面放到"博学好古研究"的大传统里考虑。第二，对英国有关情况的介绍较为简单。第三，关于博学好古研究传统和古典政治军事叙事史传统如何汇流到现代史学的问题，论述没有深入。本书拟以英国为中心，针对上述

---

① 杨建华：《外国考古学史》，吉林大学出版社 1999 年版。
② 陈淳：《考古学的理论与研究》，学林出版社 2003 年版；陈淳：《当代考古学》，上海社会社会科学院出版社 2004 年版。

三点提出自己的看法。

第三节　研究意义和主要内容

一　研究意义

本书的研究对象是博学好古与民族史书写的关系。本书把研究的地理范围限制在以英格兰地区为主的不列颠岛，在需要的时候则会涉及欧洲大陆地区。本书涉及的时间是16—17世纪，也就是文艺复兴传播到英国时期至英国本土文艺复兴兴盛之间二百年左右的时间。

本书的研究意义主要是，从英国的角度思考博学好古研究对现代科学史学的推动作用。从上面的研究综述可知，国内学界对西方史学在19世纪科学化的原因尚不明确。代表国内学界一般看法的西方史学史教科书是以"意大利人文主义史学"—"欧洲各国人文主义史学"—"博学时代"—"理性主义史学"为线索的，这种脉络与国外的研究现状部分脱节。本书认为，国内学界至少应该了解并思考以下三个重要的国外研究结论：第一，博学好古是与政治军事叙事史并行的史学传统；第二，英国的博学好古研究是重要的，它与现代考古学有很大关系，但与法国有别；第三，19世纪现代史学是博学好古与政治军事史两种传统汇流的结果。所以，本书希望通过对英国文艺复兴时期博学好古研究与民族史书写关系的研究，考察英国的历史研究是如何推动19世纪现代史学形成的，从而补充完善我国西方史学史研究的某些方面。

二　主要内容

本书第一章论述从文艺复兴运动时期到启蒙运动时期，欧洲范围内的学术背景与英国历史学的关系。文艺复兴运动时期人文主义者的好古情结，欧洲学者对文本批评的重视，经验主义对知识结构，特别是历史学知识结构的影响，文艺复兴时期的历史哲学"历史技艺"，上述主题都是此章将重点关注的学术思想史事件。此章还将追溯文艺复兴时期英国的民族史书写史，考察它对自意大利传来的人文主义的影响，试图分析人文主义如何使英国民族史书写发生变化，从而使博学好古研究方法在英国的土壤中被孕育出来。

第二章至第五章探讨博学好古研究与同时代民族史书写与研究的关系。首先在第二章，笔者将回顾渊源于古希腊的博学好古研究，这种体裁如何经历文艺复兴时期人文主义者的"再发现"；当文艺复兴运动传播到意大利以北地区时，又如何在其他国家繁荣兴盛的。法国和英国是文艺复兴时期博学好古研究的中心地区，但两国有别。笔者希望通过第二章的论述，使意大利、法国和英国三个地区的博学好古研究各自的特征得以明晰化。对于英法两国而言，首先，两国都希望以古史研究为政治权威保驾护航；其次，由于英国当时的政治格局不如法国那样统一和集权，所以前者的博学好古研究对象会被分散到地方和实物方面。第二章还希望通过对重点人物研究工作的简述和对学术思想的基础——团体、机构和交流方式——的介绍，思考关于英国之所以形成自身研究特色的原因。

笔者拟在第三章中探讨，当时的英国学者在论述罗马征服之前的时期时，如何徘徊在传说与出土资料之间；而在论述罗马征服时期的历史时，又如何在赞扬罗马文明的辉煌与赞赏古布列吞人的纯洁的英勇气质之间摇摆不定。除了古典作家的片段之外，法国人需要面对的是抄本与档案，而英国人需要面对的是地面上的遗迹。英国人要解决的问题即这些遗迹究竟属于什么时代，如果它们属于罗马人，那么传说将成为历史著作的一部分；如果它们属于土著民族，那么英国人在政治上就能产生一种独立和自豪的信心。如何定义"外来者"在英国古史上的地位，对于英国本民族历史的塑造起了关键作用。实际上，不同英国人所站的各自政治立场在很大程度上决定了他们关于民族起源的论述。但随着博学好古研究的进步，独立于"外来者"的英国民族政治史与民族教会史将最终占据主导地位。

因而在第四章中，本书通过考察英国人结合了博学好古方法的中古研究，揭示出英国民族史上的盎格鲁-撒克逊时期得到了同时代学者正面的评价。对于民族史而言，盎格鲁-撒克逊时期证明了英国的封建制度和议会制度的连续性与一致性（尽管当代研究认为其中存在演变过程）。就推动历史学发展的作用而言，对盎格鲁-撒克逊及其后中世纪的博学好古研究，建立了英国自己的古代语言文字学。由于罗马的政治和宗教影响在文艺复兴时期一直被刻意地排除，因而古代英语和更古的盎格鲁-撒克逊语的地位较之拉丁语得以上升。于是在修道院的拉丁语抄本以外，特许状以及与土地和法律有关的契约法律，都在这种环境下得到研究，英国民族史书写则借助这方面的研究抹去了中世纪的"黑暗"，这里被抹去的，一方面是中世纪落后的假象，另一方面则是缺乏历史事实的贫瘠性。

第五章中，本书拟从基督教思想与基督教古物两个方面来论述基督教研究中的博学好古研究。第五章首先回顾文艺复兴使基督教产生的基督教人文主义对民族史书写产生的影响，其次考察英国的宗教史和教会史在博学好古研究者笔下呈现的面貌，最后对英国教堂和修道院古物的研究同样体现了博学好古研究的英国特征。

最后，本书拟从整体上探讨博学好古研究对英国史学以及西方史学的推动作用。在经过了启蒙思想家的质疑后，学者们认识到了博学好古研究与历史学区隔开来的弊端，因此逐渐学会像吉本那样在自己的研究中注意两者的结合。博学好古研究的停滞并没有使古典主义民族史书写东山再起，而是让历史学家意识到，只有充分认识并运用博学好古对待史料的方法，拓宽史料的范围，并吸收辅助学科的成果，才能够让历史从"民族史书写"发展到"历史学"。

本章小结

到21世纪初为止，国外对文艺复兴时期英国博学好古与民族史书写关系的研究出现了三种趋势：一是开始朝文化史的方向实践；二是开辟了艺术史研究的领域；三是大部分考古学史学者认为，考古学的渊源是近代早期的博学好古研究。中国学界关于这个问题的讨论则主要存在以下不足：第一，大部分学者过度区分文献研究方面与实物和田野考察方面，没有把这两个方面放到"博学好古研究"的大传统里考虑。第二，对英国有关情况的介绍较为简单。第三，关于博学好古研究传统和古典政治军事叙事史传统如何汇流到现代史学的问题，论述没有深入。也就是说，国内学界对西方史学在19世纪科学化的原因尚不明确。本书认为，国内学界至少应该了解并思考以下三个重要的国外研究结论：第一，博学好古是与政治军事叙事史并行的史学传统；第二，英国的博学好古研究是重要的，它与现代考古学有很大关系，但与法国有别；第三，19世纪现代史学是博学好古与政治军事史两种传统汇流的结果。所以，本书希望通过对英国文艺复兴时期博学好古研究与民族史书写关系的研究，考察英国的历史研究是如何推动19世纪现代史学形成的，从而补充完善我国西方史学史研究的某些方面。

第一章

人文主义与英国的民族史书写

文艺复兴时期，城市中残存的古代建筑引发了欧洲人对古希腊罗马文明的兴趣与热情，西欧的民族史书写与研究在这种社会氛围下发生了重大变化。人文主义精神使历史家摆脱了神学理论的限制，他们的作品一方面开始模仿古希腊罗马作家的榜样，另一方面则倾向于记叙世俗领域的事件。同时，人文主义者对古希腊罗马文明的热情推动了语言学和文献学的兴起。但人文主义在英国起的作用是滞后的。英国的世俗编年史传统一直延续到16世纪末，它对人文主义的借鉴并不显著。

第一节 文艺复兴时期的人文主义

一 人文主义者对古代的热情

文艺复兴时期，许多欧洲人产生了对古希腊罗马文明的极大热情。古代世界魅力的直接来源是城市中存留下来的古代建筑。古罗马文明的发祥地意大利地区集中分布着能够吸引人们好奇心的建筑，例如维罗纳的圆形剧场（ampitheatre），尼姆的神庙，塞格维亚的高架引水渠（aqueduct）；而在古代的首都罗马城，这类建筑遗迹更为引人注目，诸如万神殿、圆形竞技场、提图（Titus）皇帝凯旋门、图拉真（Trajan）皇帝记功柱等。[①]这些遗存可以视为一种集体记忆，一种对帝国文明的记

[①] 这是由彼得·伯克所列举的一些文艺复兴时期还存在的遗迹。Peter Burke, *The European Renaissance: Centres and Peripheries*, Oxford: Blackwell Publishers Ltd., 1998, p.22. 中译本参见［英］彼得·伯克《欧洲文艺复兴——中心与边缘》，刘耀春译，东方出版社2007年版。

忆；虽然许多文献材料在中世纪时期湮没无闻，但是地面上的可见建筑物成了保存集体记忆的有效手段，①它们到文艺复兴时期就激发出了人文主义者的灵感。人文主义者所要复兴的，不仅包括这些建筑的美学价值，也包括隐藏在物质遗存背后的精神价值。

人文主义教育是把古希腊罗马文明的价值推广到文人学者圈子之外的重要途径，其中语言教育是比较关键的步骤。文艺复兴欧洲的各个世俗化了的学校，都会将古拉丁语与古希腊语作为学生必修课程，因为可以说，几乎每一位文艺复兴时期的受过教育的欧洲人，其知识结构的基本部分就是关于这两门古代语言的知识。对于研究古代文明的学者而言，以及对于希望从古代遗迹中寻找民族史书写的历史家而言，关于古代语言的知识是他们阅读遗迹上的文字和来自"东方"的希腊语文献的必备手段。对古代语言文字的学习与对复兴古代文明的追求，这两者并无孰先孰后，它们是相辅相成的。正如约瑟夫·列文所说："这种向古典的长期'托付'，以及向古代文学的教育性价值的长期'托付'，正是贯穿数个世纪的博学好古思想和活动的母体。"②

人文主义者不论是书写历史、进行文学创作还是研究古代语言，都需要对过去的情况有基本了解。例如，李维（Livy）的历史作品和萨卢斯特（Sallust）的文学作品就能结合在一起，共同为15—16世纪的文学创作提供模范。③其次，在精神上，尤其对于意大利的人文主义者而言，从但丁开始他们就自视为罗马帝国在物质和精神上的正宗后代，从而萌发了将意大利地区各政治势力联合起来共同抵抗法国与神圣罗马帝国势力入侵的想法，也就是"意大利人"的观念。④

古拉丁语对英国博学好古研究者的作用很大。例如，英国博学好古研究者威廉·卡姆登（William Camden）的著作《大不列颠志》（Bri-

---

① Milton Kooistra, "Ancient World", Jonathan Dewald, ed., *Europe 1450 to 1789: Encyclopedia of the Early Modern World*, New York: Charles Scribner's Sons, 2004, pp. 59 – 61.

② Joseph M. Levine, *Humanism and History: Origins of Modern English Historiography*, Ithaca: Cornell University Press, 1987, p. 75.

③ Jill Kraye, "History and Antiquarianism", Paul F. Grendler, ed., *Encyclopedia of the Renaissance*, Charles Scribner's Sons, New York, 1999, p. 15.

④ 参见朱晶进《但丁的政治思想及其历史背景研究》，《辽宁行政学院学报》2006年第12期。

tannia）最初是用拉丁语书写的，这是因为能够得到欧洲大陆学界的反响。但《大不列颠志》与其他文艺复兴时期的人文主义古拉丁语作品不同；后者在散文、诗歌和历史方面都有古代权威作家的模范，而卡姆登很难说有直接的范本可以模仿。① 虽然从博学好古学术史的角度看，瓦罗（Marcus T. Varro）、斯特拉波（Strabo）和帕萨尼亚斯（Pausanias）都是古罗马时期的"博学好古研究者"，但是以不列颠这样一个"帝国行省"为书写单位几乎没有先例。拉丁语版《大不列颠志》的最重要意义只是说明了卡姆登处在人文主义的传统之中，而古代的博学好古研究作品对他的影响可能是间接的。

　　古罗马是具有强大的政治和军事力量的。这种想象深入到了意大利各地统治者的心中，所以他们对古代文明的热情与政治理想联系在一起，② 而他们表达这种热情的方式就是赞助相关的文学与艺术事业。在与博学好古研究联系颇为紧密的艺术领域，搜集、收藏和仿制是复兴古代的主要表现形式。保罗二世教皇（Paul Ⅱ）、亚历山大六世教皇（Alexander Ⅵ）和朱利乌斯二世教皇（Julius Ⅱ），还包括他们的众多红衣主教，都曾派代理人到地中海各地搜集（他们所认为的）古典时代的、能够显示他们的权力与品位的艺术品。又如1509年出土的古代雕塑《拉奥孔》（Laocoön）就很典型。人文主义者萨多莱托（Jacopo Sadoleto）为这座雕塑写了一首诗，称赞它如何出色地表现情感，还声称它能够出土相当于古罗马的辉煌已经被恢复，而成为复兴运动的象征之一。艺术家米开朗基罗（Michelangelo）目睹这座雕像之后，自己的作品就处处留下与它相竞争的迹象。彼得·伯克认为这座雕塑是艺术作品方面的少见而又典型的古代模范。③ 再如，安德烈·曼泰涅亚（Andrea Mantegna）在自己的艺术创作系列帆布画《凯撒的凯旋》（*Triumbhs of Caesar*）中，有意准确地刻画古罗马士兵甲胄与武器的细节，而这正来自他对古罗马钱币和雕塑的观察。

---

　　① 参见 Joseph M. Levine, *Humanism and History: Origins of Modern English Historiography*, Ithaca: Cornell University Press, 1987, pp. 73 – 106。
　　② Peter Burke, *The European Renaissance: Centres and Peripheries.*, Oxford: Blackwell Publishers Ltd., 1998, p. 42.
　　③ Ibid., p. 73.

英国最著名的古代艺术赞助人是阿兰德尔伯爵二十一世托马斯·霍华德（Thomas Howard）。他曾于 1612 年亲自率队到罗马挖掘有收藏价值的艺术品；这种做法事先受到了教皇当局的许可，因为托马斯·霍华德当时成功地说服了教皇，使后者相信他能够在英国宫廷内支持罗马教会的势力。①除了到处收购古代艺术品以外，他还委托艺术家制作仿品，以完善自己的收藏；而这一切工作的成果，就是他在伦敦府邸所建造的专门用于摆放古代雕塑的长廊。

二 大游学

旅行或旅游也能够说明当时的精英阶层对古希腊罗马文明的热情。这种旅行往往带有学习的名义或目的，有时也称为人文主义精英教育的一部分，因而也可称之为"游学"。由于参与游学的人数多，在精英中流行的时间长，所以这种活动还有一个专门的术语："大游学"（The Grand Tour）。

"大游学"起源于意大利。意大利人文主义者和受过人文主义教育的统治者对古代文明的热情表现为他们亲临古代遗迹的实地考察。例如，彼特拉克（Francesco Petrarch）曾拜访位于卡普里的古罗马文学家维吉尔（Virgil）墓与位于帕多瓦的历史家李维（Livy）墓；阿拉贡的阿尔丰所（Alfonso of Aragon）曾拜访古罗马文学家奥维德（Ovid）的故居与学者西塞罗（Cicero）的墓。但对于意大利以北地区的人文主义者而言，在他们本地区存留下来的古迹远不如意大利那样多。这一点是造成游学活动规模庞大的客观因素，换言之，"北方人"必须经由海路或陆路，长途跋涉前往古代文明的故乡寻找古典文明的光辉。北方人文主义精英不仅关注古代的遗迹，而且因为他们的人文主义精神是由意大利传播而来的，所以在他们的游学目的地中，除了前面提到的几处"名胜"之外，还包括他们心目中的已故"人文主义大师"的遗迹，②

---

① Michael Vickers, "Greek and Roman Antiquities in the Seventeenth Century", *The Origins of Museums: The Cabinet of Curiosities in Sixteenth – and Seventeenth – Century Europe*, Oxford: Clarendon Press, 1985, pp. 223 – 231.

② Peter Burke, *The European Renaissance: Centres and Peripheries*, Oxford: Blackwell Publishers Ltd., 1998, pp. 199 – 200.

诸如费拉拉的阿里奥斯托墓、切尔塔尔多的薄伽丘（Giovanni Boccaccio）墓、梅尔格利纳的桑纳扎罗（Jacopo Sannazzaro）墓、曼图亚的卡斯提廖内（Baldassare Castiglione）墓，又如文艺复兴中心佛罗伦萨城的乔托、菲奇诺（Marsilio Ficino）、米开朗基罗故居及其安葬地。甚至文艺复兴时期的大赞助人也成了北方游学者敬拜的对象，如伊萨贝拉·德·埃斯特（Isabella d'Este）在曼图亚的书斋和佛罗伦萨的美第奇（Medici）家族小圣堂。

意大利以北地区的精英教育的一部分就是"大游学"，这是让受教育者亲身体验古典文明魅力的重要手段。有学者指出，"大游学"成为精英课程的组成部分，在17世纪中叶已经得到彻底建立，许多在17世纪后期成为学界领袖者，只要是贵族出身，年轻时大都有过游学经历。以英国为例，威廉·哈维（William Harvey）曾在帕多瓦学习医学，罗伯特·波义耳（Robert Boyle）的游学时间长达6年，而爱德蒙·哈雷（Edmund Halley）则于游学期间观测过后来以他家族名命名的彗星。意大利的帕多瓦大学是英国游学者眼中水平最高的学府，根据研究，17世纪时帕多瓦大学中的英国学生数量与前期相比有显著增加。[①]这些英国的年轻游学者在旅行途中并不改变其优越的生活方式，带仆人有之，带全家出行者亦有之。[②]"仆人"还经常成为贵族青年的监督者，他还负责提供为人处世方面的指导，并向家长汇报。贵族青年在游学目的地需要做的事情有：拜访当地著名学者，考察名胜古迹；有古代语言基础的，则抄录铭文，搜集抄本；有经济条件的，则亲自或派遣代理人收购艺术品，并通过各种渠道将之成为其家族的私有藏品。

通过大游学，贵族子弟提高了对文学作品和艺术品的审美品位，其中有心向学者则能够构建自己的学术理想，因为他们的学术视野变得开阔了。正如18世纪英国的著名文学家塞缪尔·琼森（Samuel Johnson）评论说："没有去过意大利的人总是意识到一种'低人一等'，但是没

---

① 参见［英］罗伯特·金·默顿《十七世纪英格兰的科学、技术与社会》，范岱年等译，商务印书馆2000年版，第276—277页。
② Peter Burke, *The European Renaissance: Centres and Peripheries*, Oxford: Blackwell Publishers Ltd., 1998, p.62.

有机会到国外旅行的绅士则可以从这种岛国偏狭性中找到一种肯定性的美德。"①

三 文本批评的兴起

在文艺复兴时期,民族史书写与研究变得比以往更为重要,这是因为,人文主义者在对古代文明产生一定认知以后,就意识到了古希腊罗马世界距离他们的遥远性和差异性。这种意识可以称为"历史感"。在语文学研究中,具备"历史感"的学者就能够体会出被伪造的文献的"时代误植",所以,"历史感"带动了语文学研究。②这个过程是人文主义者从模仿古代作品到批判性地认知古代作品的过程,其目的首先是辨别出真正的古代作品,其次是在精通古代语言的基础上理解古代作品的精确含义。这在某种意义上也可称为一种"复兴",只不过它已经上升到了更高的层次。"人文主义之父"彼特拉克(Petrarch)就是校订抄本和解释晦涩片段的先驱。洛伦佐·瓦拉(Lorenzo Valla)则是意大利文艺复兴盛期最有影响的语文学家或文本批评研究者之一,他的代表作《君士坦丁伪赠礼考证》(Discourse on the Forgery of the alleged Donation of Constantine; in Latin: Declamatio de falso credita et ementita donatione Constantini, also referred to as Libellus, and Oratio)完成于1440年。③

瓦拉《君士坦丁伪赠礼考证》的书写目的是证伪罗马教会染指世俗政权的文献材料《君士坦丁的赠礼》(下文简称《赠礼》)。他的方法包括:第一,把《赠礼》语言与同时代的古拉丁语相对照;第二,征引政治、历史和法律的文献材料与既有研究成果。这种方法在现代学者看来就是"内证法"与"外证法"的结合。瓦拉对文艺复兴时期学术的重要贡献就是开创了内证法;因为只有内证法才能证明表面上的原始材料实际上是后期伪造的材料。而且,在《赠礼》被证伪之后,瓦

---

① 参见 Rosemary Sweet, *Antiquaries: The Discovery of the Past in Eighteenth - Century Britain*, London: Hambledon and London, 2004, p. 36。
② 参见 F. J. Levy, *Tudor Historical Thought*, Toronto: University of Toronto Press, 2004, pp. 33 – 78。
③ 关于瓦拉的研究,国内学者的成果可参见米辰峰《瓦拉批驳君士坦丁赠礼的学术得失》,《史学月刊》2006年第3期,第98页。对瓦拉的介绍,参见郭小凌《西方史学史》,北京师范大学出版社1995年版,第189—191页。

拉还尝试对李维和攸西比乌斯（Eusebius of Caesarea）的作品进行类似的文本批评。可见，瓦拉的做法并未让同时代学者不再崇拜古代，而是提供了一种研究思路；换言之，在使用原始文献之前，必须验证文献的可靠性与真实性。现代史学中的辅助学科——校勘学或文献学可以说是以瓦拉为源头的。

宗教改革对文本批评方法的推广起到了推波助澜的作用。这是因为，新教和天主教的学者都使用历史先例和原始文献来作为论据，而且他们在使用文献之前，为确保论点的说服力，需要保证自己所用材料的可靠性。而实际上，宗教辩论兴起之初，辩论者没有意识到文本批评的重要性；而不负责任的论据导出的论点很容易就会被驳倒。因此，当时有中立的学者认为，宗教辩护士所说的或所写的历史是有偏见的。如果要避免这种偏见，只有对原始文献先行做出辨别；而在无法辨别文献真实性的时候，就需要另外寻找尚没有多少人见过的材料，抛弃权威作者的第二手记叙。尽管这种批评意识可以追溯到瓦拉的语文学，但是其在学界的具体应用开始于宗教辩论。

但是，对第二手材料的不信任感乃至对原始文献的不信任感，却在文艺复兴后期造成了带悲观色彩的怀疑论。[①]这种怀疑论表现在民族史书写和研究上时，就体现为：怀疑一切与历史有关的信息的可靠性。例如法国哲学家笛卡尔（René Decartes）就主张用理性来评价一切；一切信息必须在被去除传统和偏见以后，通过人类理性才能得到公正的评价。笛卡尔哲学对民族史书写与研究的基础方法起到了世俗化的作用，因为文本批评需要在信仰之外获得不受干扰的活动空间。[②]弗朗西斯·培根（Francis Bacon）则是把与信仰有关的历史放在与人类有关的历史之外，也是民族史书写世俗化的哲学表现。

[①] 有关文本批评导致怀疑主义的讨论，可参见 Arnaldo Momigliano, *Essays in Ancient and Modern Historiography*, Blackwell, 1977, pp. 1–27. 中译本参见 [意] 阿纳尔多·莫米里亚诺《论古代与近代的历史学》，晏绍祥、黄洋译，北京大学出版社 2015 年版。

[②] 谭英华：《十六至十七世纪西方历史思想的更新》，《历史研究》1987 年第 4 期，第 30—34 页。

第二节 人文主义的历史思想

一 弗朗西斯·培根的历史哲学

弗朗西斯·培根的观点和方法在当时的学界具有很大的影响力。培根历史哲学的创新在于：他关于历史知识在整个人类知识体系中处于何等地位的看法。但是，以往的学者强调的是培根的人文主义性。如谭英华先生曾指出，培根"既反对经院哲学，也反对人文主义传统，他认为人文主义者盲从古典权威，一味因袭，阻碍了学术进步，因而应该与旧传统作彻底的决裂"。① 本书则认为，培根批评前辈过度模仿权威作者，这实际上是提出一种批判性地理解古代的观念。因为培根不像笛卡尔那样秉持明显的怀疑主义，而是提倡判断的标准在于经验：只有通过对经验的归纳才能够得出新知识，并促进知识的进步。培根和笛卡尔分别从经验和理性的角度来理解人类知识，这是人类在16—17世纪认识世界的两种不同的角度。

关于历史的作用，培根的观点没有取得大的突破。本书在导言中已经提到，历史的训诫作用是文艺复兴时期的学者希望能复兴并发扬光大的一种古代传统。例如，培根在1621年写的《亨利七世在位时期的英国史》（The History of the Reign of King Henry Ⅶ）中，为了能使著作的叙事结构更加完整，回避了那些本应可以使用的历史材料。对于现代史学家来说，培根的这种写法足以被贬称为对读者的误导，但这种写法却一直是古代作品树立起来的榜样。所以，培根历史哲学的创新不在于历史体裁方面，而是在于他对历史知识所处地位的看法。

具体而言，培根在他的《学术的进展》（Advancement of Learning）中是这样对历史知识进行定位的：

> 我们根据自然的三种状态和条件来形成我们对自然历史的分类，即：第一，在自然的一般过程中是自由的，没有受到干扰的状

---

① 谭英华：《十六至十七世纪西方历史思想的更新》，《历史研究》1987年第4期，第33—34页。

态；第二，被一些顽固的或少见的东西所阻碍的，因此偏离了一般路线，并制造出怪物的状态；第三，被人类的方法所限制的，产生出"人工的"东西的状态。因此，自然历史就分成：发生性历史（History of Generations）、超发生性历史（History of Prætergenerations）的历史和艺术。第一种与自由的自然有关，第二种与有错误的自然有关，第三种则是一种被限制了的自然。艺术的历史，更应该归为自然历史的一种，因为有一种普遍的观念认为，就像艺术是一样与自然不同的东西一样，自然的东西也是与人工的东西不同的。在此种观念下，许多自然历史的作者认为，如果他们一点也不提及机械的艺术，而给我们展示出动物、植物或矿物的历史的话，他们就会写得很好。[1]

人类历史，一般来说，可以分为三个特殊的种类，即，神圣的、世俗的和文学的。文学的人类历史是欠缺的，于是，世界的历史就像是波利菲默斯（Polyphemus）的雕像，是没有眼睛的。这是最能显示人的生命和精神的一个部分。确实，在许多特殊的科学中，比如说法律、数学和修辞学，很明显地有一些短篇的回忆录、不成熟的派别、学校、书本、作者之间的联系，还有这种类型科学的传承，还包括关于事物和艺术的发明者的琐碎的记叙。但是我们说，一个公正而普遍的文学的历史迄今为止还没有被出版。这一作品的设计应该是，去从最早的时代开始叙述——1. 什么特殊类型的学术和艺术繁盛了？在什么时代？在世界的哪一部分？2. 它们的古典成就、进步以及在地球上的传播。3. 它们的衰落、消失和复兴。在每一种艺术中，我们应该观察的是：4. 它的起源和发明时的偶然性。5. 它传播的方式和形式。6. 它的被引入、实践和建立范式的方法。除此之外，还有 7. 学人之中最著名的学派和争论。8. 他们所经受的诽谤，他们所受到的赞扬和荣誉。9. 最好的作者和最好的著作。10. 学校、传承、研究院、社团、学院、神学院以及任何与学术的领域有关的东西。11. 但必须让事件与它们的原因

---

[1] Francis Bacon, *Advancement of Learning and Novum Organum*, The Colonial Press, 1900. Book 2, Chapter 2.

一起出现。12. 学人们对不同种类的学问的喜好和厌恶。13. 对科学造成益处或坏处的历史上的偶发事件。14. 宗教的热情与掺入。15. 法律的庄严性与慈悲性。16. 引人注目对学人的赞助和捐助，它们的目的是弘扬学术。①

　　人类历史有三种类型，就像三种图画。即未完成的、完成的，以及破损的。因此，人类历史，它是时代和事物之画面，就体现在回忆录、公正的历史以及"古代"之中。但是，回忆录是被开始的历史，或者说是第一笔，或者是历史的材料；古代的东西是破损的历史，或者说是逃离了时代之灾难的历史。回忆录有两种类型。第一种可以说是术语化的评注，另外一种则是一种名册或项目记录。在评论之中，有纯粹的按顺序排列事件和行动，其中没有动机、计划、建议、演讲、托辞、特定事件等，因为这是一个评论的真正的性质，虽然恺撒以谦虚而伟大的方式将世界上最好的历史称之为评论。所谓的名册有两种类型。以时间顺序排列的事物的标题；以时间顺序排列的人物的标题。方式是日历和年表，或者是日志的形式，其中保留了统治者的法令，议会的政策，司法的案件，公告、国家的文书，以及公开的演说。其中没有叙事的线索。古代的东西则是历史的残害，其中，事物的记忆几乎丧失了。但是，还是有很勤奋努力的人，可以从下列方式中取得"古代的东西"：谱系、日历、称号、碑铭、纪念建筑、钱币、姓名、语源、谚语、传统、档案、工具、公共历史或私人历史的碎片、书本的散落的章节，总之是没有历史性存在。通过上述方式，我们可以从时间的洪水泛滥中恢复出东西来。这是一项艰苦的工作，但是人类可以做，做这项工作的人受到其他人的敬畏。这项工作可以代替那些寓言性质的、虚构的民族的起源说法，而如今我们则充满了这种虚构的起源。虽然，它没有什么权威性，但是包含有自由的思想则几乎没有实践过它。②

---

　　① Francis Bacon, *Advancement of Learning and Novum Organum*, The Colonial Press, 1900. Book 2, Chapter 4.

　　② Ibid., Chapter 6.

公正的历史有三种类型，因为它要表达三种对象，这三种对象是：时间的一部分、一个值得纪念的人物和一个勤奋努力的行为。第一种历史我们称之为年代记或编年史；第二种我们称之为传记（lives）；第三种我们称之为记叙体（narratives or relations）。年代记有着最高的受尊敬的程度和名誉，但是传记则在优点和用途上都更为突出，记叙体则在真相和诚挚方面有长处。[①]

时代的历史大概可以分为年代记（年鉴）和日志，这可以根据塔西佗（Tacitus）的观察，他提到了某些结构的庄严伟大性，之后他说："对于罗马的高贵性来说，我们发现经过努力过的东西应该归入年鉴，而关于这些东西则应该归入到城市的公共日志中去。"他的意思是说，要把国家的东西归入年鉴，而把较小的东西归入到日志。因此在处理书本和人物的高贵性的时候，就需要有一种纹章、谱系学的方法：因为从国家的高贵性中所得到的东西比从团体、社会阶级中的复杂性得到的东西要更多，所以历史的权威性极应该将胜利、仪式、新奇的事物与国家事务混合起来。[②]

根据以上材料，我们可以用一张简明的图表说明培根的知识结构（见图1-1）。

可见，培根把历史理解为一切与过去有关的事物；除此之外，现在和未来的知识也属于"历史"的范围。因为培根认为，历史不仅是事实的简单积累，而且是人类的一代又一代团结合作的事业。[③] 但是培根并未创作出一部包容广泛的历史著作。有学者提出，这是因为培根对"历史"的定义过于复杂，导致自己的实践无法与理论相一致。[④]

[①] Francis Bacon, *Advancement of Learning and Novum Organum*, The Colonial Press, 1900. Book 2, Chapter 7.

[②] Ibid., Chapter 9.

[③] [美] 唐纳德·R. 凯利：《多面的历史：从希罗多德到赫尔德的历史》，陈恒、宋立宏译，生活·读书·新知三联书店2003年版，第369—370页。

[④] 参见 F. J. Levy, *Tudor Historical Thought*, Toronto: University of Toronto Press, 2004, pp. 237-285。

培根的知识结构

心灵的功能　相关主题

```
推理    哲学 ┬ 自然史
              │
              │ 纪念文字，编年性叙事
想象    诗学 ┤ 人类史*
              │           ┌ 关于时间的：编年史
记忆    历史学┤ 完美的历史 ┤ 关于人物的：传记
              │           └ 关于独立行动的：叙事
              │
              │ 古物——物质遗存
              └ 语源学，谱系学
```

* 包括政治的、文学的和教会的历史

图1-1　培根的知识结构

根据前文的分析，我们发现，因为培根的历史哲学与民族史书写在某种程度上脱节了，所以只能说是他的历史哲学走在了时代的前列，而他自己并未证明这种哲学的可行性。然而，既然博学好古的研究对象超出了古典历史的模范作品，而把更广泛的有关人类过去的主题纳入研究范围，那么可以说，培根对历史的定义和定位是与博学好古研究的特点有一定契合度的。正如现代学者罗斯玛丽所指出的："博学好古研究者按照培根的假设进行工作。古物是时间的历史'遗骸'的碎片，而且，只要收集了足够的东西，那么某种进步将朝向塑造那个'遗骸'的方向被实现。"①

二　历史技艺

文艺复兴时期有关历史的著作中，专门论述历史观和历史方法论的专著数量不多，但十分重要。与人文主义的传统一样，既然叙事历

---

① Rosemary Sweet, *Antiquaries: The Discovery of the Past in Eighteenth-Century Britain*, London: Hambledon and London, 2004, pp. 8-9.

史是文学书写的一种类型,那么书写历史的技艺就可以与"修辞技艺"(artes rhetorica)和"诗歌技艺"(artes poetica)相提并论,关于民族史书写的技艺的议论就被命名为"历史技艺"(ars historica)。[①]"历史技艺"是一种作品体裁。本书在序言中提到的西塞罗有关民族史书写的议论即属"历史技艺"体裁,古罗马历史家琉善关于"历史"作品应符合哪些标准的文字片段也是"历史技艺"。文艺复兴时期的人文主义者也把这样的著述称为"历史技艺",同样地,他们眼中的历史就是符合以古典为榜样的作品,但是博学好古研究著作也属于他们的论述范围,后者的作用就是使历史作者明白如何合适地回应怀疑论者的批评。

文艺复兴时期"历史技艺"的作者回应了怀疑论者的质疑。这方面成就较大的是法国的博杜安(François Baudouin)、让·波丹(Jean Bodin)和帕斯基耶(Etienne Pasquier)。他们所提出的民族史书写"技艺",与文本批评的兴起有密切关系。

博杜安首先把原始材料分为一手材料和二手材料,其次主张原始材料不仅包括文字记录的书籍,而且档案、法律甚至是人类手工制品都在其范围之内。他认为,只有根据完整的原始材料,才能写出"整体的"(意思是完善的、优秀的、包容度高的)历史。[②]这种整体史将容纳关于人类事物的所有被公之于众的方面。

让·波丹的《易于理解历史的方法》(*Methodus ad facilem historiarum cognitionem*,初版于1566年)一书中的观点具有哲学性和务实性。他在原始材料方面的观点与博杜安接近,但他更关注如何获得这些材

[①] 有学者将"ars historica"译为"历史艺术",这似乎是"art"一词的直译,或可商榷。参见 [美] 唐纳德·R. 凯利《多面的历史:从希罗多德到赫尔德的历史》,陈恒、宋立宏译,生活·读书·新知三联书店2003年版,第356页以下。另外,王焕生先生在翻译西塞罗《论演说家》和《论法律》时,将"art"译为"学科",有可能来自中世纪大学所开设的"Seven Liberal Arts"(七艺)这一术语,王焕生也许将"七艺"理解为七种"学科"。但西方史学界一般认为,"七艺"之"艺"是相对于职业技能(skill)而言的,目的是要发展学生的理性与智识,而"七艺"的渊源来自于古典时代针对"自由人"的教育体系的一系列课程设置。《牛津英语辞典》则指出"art"在"七艺"中指的是"非科学的"知识分支。那么既然在古典时代它不是一种谋生的职业技能,而是思想方面的东西,因此将"ars historica"中的"ars"译为"技艺"似乎更为合适。

[②] Denys Hay, *Annalists and Historians: Western Historiography from the Eighth to the Eighteenth Centuries*, London: Methuen & Co Ltd., 1977, pp. 111–132.

料，以及在获得材料之后如何分析它们。波丹在另一部著作《论共和国六卷》(Les Six Livres de la République) 中实践了自己的这种史料观。①现代学者丹尼斯·海认为，波丹使法国历史家注重文字形式的史料及其校勘。②但是英国学界受波丹的影响并不深，这是英国民族史书写的面貌与法国产生差异的原因之一。

帕斯基耶在其《法国研究》(Les Recherches de la France) 中为民族史书写设立了更高的标准。他非常强调选择"最恰当的"原始文献，而且提出要注意非叙事性的文献。虽然他自己的法国历史研究具备对非传统史料的敏感性，但是他并未获得最优秀的文本，也不知如何证明自己所用的文本是可靠的。③

到17世纪以后，法国的民族史书写与研究就进入了一个新阶段，这表现为玻兰达斯派 (Bollandists) 和摩尔派 (Maurists) 的学术成果。他们在文献校勘技术、古文字学和古文书学上成就很大，在学术史上是瓦拉文本批评思想与方法的真正继承者。

虽然英国学者对波丹的著作有所了解（《易于理解历史的方法》在17世纪出了英译本），但英国并没有出现"历史技艺"专著。尽管意大利"历史技艺"理论家亚科姆·阿康西奥 (Giacomo Aconcio) 于1559年曾以政治流亡者的身份到达英国，但其影响并不明显。另外，英国本土的学者托马斯·布隆德维尔 (Thomas Blundeville) 翻译过两篇意大利语的"历史技艺"论文，还写了一篇文章向英国人介绍"历史技艺"，但据现代学者布雷萨赫的研究，布隆德维尔也没有产生影响。④英国的民族史书写因而展现出与法国不同的景象。

---

① 徐波教授2006年的著作对这一问题做出了具体的讨论。参见徐波《文艺复兴时期法国民族史学研究》，四川人民出版社2006年版。

② 参见 Denys Hay, *Annalists and Historians: Western Historiography from the Eighth to the Eighteenth Centuries*, London: Methuen & Co Ltd., 1977, pp. 133 – 168。

③ Ibid., pp. 111 – 132.

④ Ernst Breisach, *Historiography: Ancient, Medieval, and Modern*, Chicago: University of Chicago Press, 1994, pp. 176 – 177.

第三节 人文主义与英国的民族史书写

一 世俗编年史传统

英国文艺复兴时期的民族史书写具有强烈的世俗编年史传统。世俗编年史有别于带有宗教色彩的修道院编年史。世俗编年史传统的建立与英国引进印刷术有很大关系。15世纪晚期，以威廉·卡克斯顿（William Caxton）为首的英国印刷商开始从欧洲大陆引进印刷技术，在不列颠本土开创出版事业。这些印刷商受过一定程度的人文主义教育，因而他们具备对中世纪抄本和古代著作的辨别力；他们在书籍正式出版之前，常亲自或组织学者校对和整理抄本，并请学者将旧编年史的内容延续到更晚近的时代。例如《诸事编年》（Polychronicon）和《布鲁特》（Brut，或称《不列颠编年史》）在得到整理和续写之后，分别于15世纪的60年代和80年代以印刷书籍的形式问世。理查德·阿诺德（Richard Arnold）的《编年史》（Chronicle）和罗伯特·法比安（Robert Fabyan）的《英格兰与法兰西新编年史》（New Chronicles of England and of France）则是16世纪10—20年代的重要编年史著作。上述作品在英国精英阶层的读者中都很有市场。

虽然意大利的人文主义在15、16世纪之交完全影响英国，[①]但是英国民族史书写的回应是滞后的。最初，英国本土作家并没有表现出对古典历史作品榜样的热情，所以当时模仿古代榜样的历史作品较为少见。较著名的仅有托马斯·莫尔（Thomas More）在1513年出版的《理查三世传》（History of Richard Ⅲ）。莫尔在这部作品中融入了人文主义精神。现代学者布雷萨赫指出，此书具有非常明显的人文主义特征，包括：模仿古罗马历史家，使用优雅的拉丁语，编写演说词以符合书写目的，以叙事逻辑为结构框架而在很大程度上抛弃了英国最流行的编年框

[①] 这方面的详细论述也可参见郭小凌《西方史学史》，北京师范大学出版社1995年版，第199页以下。

架,强调人类动机而非上帝安排在历史进程中的作用。[1]它既是一部世俗化了的历史作品,也是一部强调历史的教导作用的手册。

在托马斯·莫尔的人文主义历史问世之后,英国的编年史传统并未中断。而世俗编年史的作者在编撰过程中对史料不加批判,这主要表现在他们把圣经故事、本地区流传久远的神话传说以及中世纪作者(如蒙茅斯的杰佛里)的缺乏可靠性的英国早期史全部保留下来。[2]

到16世纪30—40年代时,英国的民族史书写出现一些细微的变化,这与英王亨利八世的宗教改革有关。由于亨利的宗教政策在很大程度上与政治野心有关,所以英国的宗教改革实际上伴随着政治上独立性的强化:英国统治者严厉拒绝罗马教会的政治干涉。于是,罗马教会隐含的"普世"含义就会被英国人发挥成古罗马的"帝国"含义;为英王鼓吹改革的知识精英不会容许在英国的历史中称赞罗马征服不列颠的事件。然而,由于这时英国的民族史书写还未引入文本批评,所以亨利八世时期历史作者所能做的就是夸大中世纪作者蒙茅斯的杰佛里所说的英国本土的独立君主世系。这种情况受到了旅居英国的意大利人文主义者波利多尔·维吉尔(Polydore Vergil)的挑战。

二 波利多尔·维吉尔的《英国史》

波利多尔是旅居英国近50年的意大利人文主义者。[3]他的著作在内容上体现了英国性,在体裁上体现了人文主义特征。因为波利多尔希望能够获得都铎王室对他这位教皇"使节"的支持,所以他选择英国历史为书写主题,并着重记叙亨利七世在位时期的历史;著作在1534年用拉丁语出版,即《英国史》(Anglica Historia)。

波利多尔舍弃英国远古传说的做法,引起了英国本土学者的不满。例如,这部著作是这样开头的:

---

[1] Ernst Breisach, *Historiography: Ancient, Medieval, and Modern*, Chicago: University of Chicago Press, 1994, pp. 165 – 166.

[2] W. R. Trimble, "Early Tudor Historiography, 1485 – 1548", *Journal of the History of Ideas*, No. 11, 1950, pp. 30 – 31.

[3] 波利多尔在1501年作为罗马教皇"彼得金"的征收人到达英国。

> 整个不列颠……被分为四个部分；其中第一部分是英格兰人居住的地方，第二部分居住苏格兰人，第三部分居住威尔士人，第四部分居住康沃尔人。他们之间有很大差异，包括语言、举止、法律和条令。①

这样的开头忽略了古代布列吞人。而当时的英国人相信：布列吞人是罗马帝国征服不列颠之前的土著居民，他们起源于特洛伊人布鲁图斯（Brutus）。因为古罗马传说中的开国者也是来自特洛伊的埃涅阿斯，所以如果承认英国的特洛伊起源，英国就可以在历史方面与罗马帝国平起平坐，享受一种独立性，并为摆脱罗马教会的干涉提供历史论据。

然而，波利多尔的做法没有损害《英国史》本身的人文主义进步性。由于波利多尔为了全书的叙事逻辑和修辞，在涵盖的事实上有所选择和保留，因而它的叙事相对编年史而言更为集中；②《英国史》还对材料进行了一定程度的辨别。虽然波利多尔在选择话题和解释历史时运用的是神学理论。但这没有损害全书的叙事逻辑。③下文在论及英国的民族史书写时，还将进一步讨论波利多尔的这部著作。

三 伊丽莎白时代的民族史书写

波利多尔对英国的民族史书写的作用是间接或滞后的，因为他的著作不符合英国的主流意识形态。直到16世纪30—40年代，英国的民族史书写才发生变化，但很多作者不是模仿古典作品书写，而是把人文主义因素融入编年史体裁之中。其中较早问世的是约翰·拉斯特尔（John Rastell）的《人民的过去或诸国编年史》（*The Pastime of People or the*

---

① Henry Ellis, ed., *Polydore Vergil's English History: From an Old Translation*, London, 1846, p. 1.

② W. R. Trimble, "Early Tudor Historiography, 1485–1548", *Journal of the History of Ideas*, No. 11, 1950, pp. 40–41.

③ 参见 F. J. Levy, *Tudor Historical Thought*, Toronto: University of Toronto Press, 2004, pp. 33–78.

Chronicles of Divers Realms，1529年），此著含有显著的人文主义批判精神。① 这部著作虽然采用的是编年史体裁，但是它却像波利多尔的《英国史》一样舍弃了作者认为不可能的传说事件。它的辨别依据是，某一个传说是否能在英国以外的一手和二手材料中找到引证。拉斯特尔不再对权威和传说不加论证就全盘沿用到新写的编年史中，而是开始用怀疑的眼光看待这些材料。

伊丽莎白女王即位后，含有人文主义因素的作品开始增多。拉斐尔·何林设德（Raphael Hollinshed）撰写了《英格兰、苏格兰、爱尔兰编年史》（The Chronicles of England, Scotland, and Ireland，1577年初版）。这部著作虽然成书时间晚于拉斯特尔的《人民的过去或诸国编年史》，但是在史料的批判性上没有继承拉斯特尔。此书的内容基础是数位历史家早先写的未完成的编年史，何林设德除了将这些编年史在年代顺序框架下连缀起来以外，主要的工作就是补充包括季尔达斯、蒙茅斯的杰佛里在内的"权威著作"。作者的编撰原则就是，包括的权威著作越多，自己的《英格兰、苏格兰、爱尔兰编年史》就越有说服力。何林设德虽然标注了他所引的材料出处，但是他没有思考材料本身，这一点和拉斯特尔相比似乎是倒退了。然而同时代的英国学者并不这么看，何林设德对伊丽莎白时期英国的影响远大于拉斯特尔，因为那个时代的代表人物威廉·莎士比亚在《李尔王》（King Lear）、《麦克白》（Macbeth）和《辛白林》（Cymbeline）等历史剧中大量引用了何林设德的这部编年史。

由于缺少了传说人物的英国古史会显得贫瘠，所以在没有博学好古研究考证古史的情况下，编年史著作的成就似乎就在于发掘出新材料和保证转抄材料中的准确性。例如约翰·斯托（John Stow）写过《英格兰编年史纲要》（Summary of English Chronicles，1565年）和《英格兰年代纪》（Annales of England，1592年）。斯托对待原始材料的做法在当时的学者中是典型的，即誊抄下所有无法购买或无法带到自己住处的

————————
① W. R. Trimble, "Early Tudor Historiography, 1485 – 1548", *Journal of the History of Ideas*, No. 11, 1950, p. 34.

抄本。有学者指出,斯托在材料的准确性上比其他编年史家做得更好。[1]因为斯托认为民族史书写是一件脱离了修道院的世俗之事,历史的目的是传承道德和教导人们热爱英格兰。人文主义传统在斯托的编年史中也有端倪,他将民族史书写视为一种在世俗层面非常有价值的事情,正是这种热情使他能够将耐心与谨慎赋予书写过程。

伊丽莎白时代值得一提的历史著作还有约翰·福克斯(John Foxe)的《行迹录》(Acts and Monuments),又称《殉教者之书》(Book of Martyrs)。此著既是一部人物传记合成,又是一部教会史。首先,福克斯有意使自己的著作与天主教的圣徒传记相对立,他认为他立的传并不是由罗马教会封圣的人物的故事。其次,此书的结构与天主教圣徒传记明显不同。圣徒传记以人物为单位划分章节,而福克斯的著作则以《圣经·启示录》为基础、以基督教的大事件为线索构建框架。最后,此著对待原始材料的态度与编年史家有别;但事实上,福克斯并非一名批判材料的作者,他只能被称为是选择材料和搜集材料的高手。他以新教教义为原则选择材料;他所搜集的材料中有很大一部分来自目击者或殉教者的狱中来鸿或遗书。这种由众多不知名的供稿者提供原始材料的方法值得我们注意,因为威廉·卡姆登的《大不列颠志》的材料收集也类似于此。

另外,印刷术的发展带动了英国学者对古典时代和中世纪权威著作的整理、翻译和重印。[2] 亨利·萨维尔(Henry Savile)是成果最丰富的整理者和翻译者,他编校并翻译了塔西佗的著作,编校了中世纪时期马尔姆斯伯里的威廉(William of Malmesbury)、霍登的罗杰(Roger of Howden)和亨廷顿的亨利(Henry of Huntingdon)的编年史著作。菲尔蒙·霍兰德(Philemon Holland)编校了李维的著作、苏维托尼乌斯(Suetonius)的著作和马塞利努斯·阿米亚努斯(Marcellinus Ammianus)的著作。17世纪初,托马斯·尼科尔斯(Thomas Nicholls)编校了修昔底德的著作,托马斯·诺思(Thomas North)编校了普鲁塔克

---

[1] F. J. Levy, *Tudor Historical Thought*, Toronto: University of Toronto Press, 2004, pp. 167 – 201.

[2] 详见 Ernst Breisach, *Historiography: Ancient, Medieval, and Modern*, Chicago: University of Chicago Press, 1994, p. 174 以下。

(Plutarch）的著作，托马斯·洛吉（Thomas Lodge）编校了约瑟夫斯（Josephus）的著作，马斯·黑伍德（Thomas Heywood）编校了萨卢斯特的著作。

本章小结

城市中残存的古代建筑直接引发了欧洲人对古希腊罗马文明的兴趣与热情，因为这些建筑不仅具有艺术价值，还含有古代的精神价值。这种兴趣和热情主要表现为：第一，人文主义者在精英阶层中实行古拉丁语与古希腊语教育，从而把这种对古代的兴趣推广到整个受教育阶层，形成了崇尚古代的社会氛围。第二，"大游学"成为精英教育的一部分，它在传播意大利人文主义和推动实物研究方面有积极影响。第三，有实力的贵族开始赞助相关的文学与艺术事业。

关于古代语言的知识对于人文主义者书写历史、创作文学和进行其他研究都有裨益，而民族史书写与研究则要求人文主义者注重对古代遗存、文献和语言的深入了解，这包括两个方面：首先，在史料批判方面，以洛伦佐·瓦拉为首的语文学家，开展了对原始文献和权威作品的文本批评，这一方面提升了人文主义者认知古代的水平，另一方面引起了历史观的变化。其次，在历史哲学方面，一些学者怀疑证明历史知识的可行性，另一些学者则继续思考与收集和分析材料有关的"历史技艺"，至于培根，他将历史知识与神学知识分离了开来。这些做法都有助于民族史书写的世俗化。

文艺复兴时期英国的民族史书写的特点有二：其一，具有强烈的世俗编年史传统。其二，因为亨利八世时期的特殊政治背景，意大利人文主义在英国起的作用是滞后的，所以托马斯·莫尔和波利多尔·维吉尔的人文主义历史著作未能立即产生影响。到伊丽莎白女王即位后，英国国力加强、社会趋于稳定时，含有人文主义因素的著作数量开始增加。

第二章

博学好古研究的演变

古希腊的史家希罗多德和修昔底德，分别创立了博学好古研究和政治军事叙事史两种撰史传统。它们从希腊化时代开始平行发展，古罗马时期和中世纪时期的很多作品都可归入两种传统名下。文艺复兴时期的意大利人文主义者弗拉维奥·比昂多复兴了博学好古研究传统，莱昂纳多·布鲁尼则复兴了政治军事叙事史的传统。尤其是博学好古研究传统，在文艺复兴时期西欧学界取得的成就前无古人，其中又以英法两国的研究对19世纪科学历史学的成形影响最大。

第一节 古希腊罗马时期的博学好古研究

一 古希腊时期

古希腊语中有不少与博学好古研究有关的词汇。这些词汇包括："能判断的"（κριτικός）、"喜欢研究的"（φιλόλογος）、"学问渊博的"（πολνίστωρ）、"关于语法的"（γραμματικός）、"教授"（doctus）、"博学"（eruditus）、"学者"（literatus）等。除此之外，柏拉图用过的"古代研究"（αρχχιολόγος）一词，可能与博学好古研究渊源最深。因为在柏拉图的《大希庇阿斯篇》（*Hippias Major*）中，叫作希庇阿斯（Hippias of Elis）的诡辩派学者曾说："英雄和人的谱牒、城市建造的传统、城市以其命名的地方行政官的名单等都属于一种称为古代研究

(αρχχιολόγος) 的学科。"①古希腊作品中还提到了其他类似于希庇阿斯的"古代研究"学者,例如:研究不同城邦宪政制度的克里提阿斯(Critias)以及编写了阿尔戈斯赫拉(Hera)神庙女祭司名单的赫拉尼古斯(Hellanicus of Mytilene)。②虽然这些作者的著作早已不存,但就追溯渊源的意义上讲,他们可以成为博学好古研究的渊源。

在公元前6世纪的后半期,古希腊爱奥尼亚诸城邦出现了"史话家"(logographer),他们把口耳相传的故事记载下来,或用古人的事迹来进行道德教育,或把自己在异域的见闻写成游记,或根据档案性质的文字材料编写历史。③史话作品与史诗不同,它是半真实的。几位有记载的史话家都是希波战争时代的人,他们对之后的希罗多德(Herodotus)有直接影响,其中最重要的是赫卡泰阿斯。④

赫卡泰阿斯(Hecataeus of Miletus)活跃于公元前6世纪,是希罗多德之前最著名的历史家之一。据说他撰写了《世界纵览》(Ges Periodos),这部著作描述了当时希腊人的已知世界里的国家和居民,其中关于埃及的叙述尤其详尽。此著还附有一张基于"阿纳克希曼德(Anaximander)地球"的地图,作者根据自己的游历与考察对这张地图做了修订和扩充。赫卡泰阿斯另一部著作是《谱系》(Genealogiai),这部著作认为,除了荷马等少数诗人的作品之外,古希腊史诗中的故事既是繁杂冗长的,也是荒诞不足信的,所以这部著作对神话和历史事实做出了某种程度的区分。

希罗多德的《历史》对赫卡泰阿斯进行了批判性的继承。希罗多德开始是赫卡泰阿斯那样的史话家,后来才慢慢产生了专门撰写波斯历史的念头;因为现代研究表明,希罗多德关于波斯的历史是原创的,他像之前的史话家一样,对自己游历考察的成果进行了整理与修订。⑤另

---

① 转引自 Arnaldo Momigliano, *Classical Foundations of Modern Historiography*, Berkeley, California: University of California Press, 1992, p. 60。这里的"古代研究"一词在现代英语基本对应于"考古"(archaeology)一词。

② Arnaldo Momigliano, *Essays in Ancient and Modern Historiography*, Blackwell, 1977, pp. 216-220.

③ 郭圣铭:《西方史学史概要》,上海人民出版社1983年版,第14页。

④ 张广智、陈新:《西方史学史》,复旦大学出版社2000年版,第9—10页。

⑤ Arnaldo Momigliano, *Classical Foundations of Modern Historiography*, Berkeley, California: University of California Press, 1992, p. 35.

外，希罗多德的《历史》暗示了与赫卡泰阿斯的关系，下面的引文表明希罗多德是理解赫卡泰阿斯对神话传说的批判性的：

> 有一次，散文作家赫卡泰阿斯在底比斯追溯了一下自己身世，结果发现他的16世祖先竟然是一位神祇。宙斯神庙的祭司对他所做的事，和他们对我所做的事完全一样，但我并没有夸耀我自己家族的血统。他们引领我进入神庙的内厅，在那里指给我看许许多多木制雕像，他们点数过后，发现木像的数目和他们刚才所说的那个数目是一样的，因为他们的习俗是每一位高级祭司在生前都为自己在神庙里竖立一座像。祭司们重新清点给我看这些木像的时候，他们向我保证，每一个都是他前面一个的儿子。他们点数了全部的木像，从象征最近去世的那个人的木像一直回溯到最早的那个人的木像。因此，当赫卡泰阿斯回溯自己的身世并宣布说在他之前第二十六代的祖先是神的时候，祭司们根据他们的计算也回溯了他们的家谱，他们不承认任何一个人是由神生出来的。他们说，他们的每一个木像都是一个"皮罗米斯"，都是由另一个"皮罗米斯"所生；他们从一个木像到下一个木像数遍了，却看不到他们与任何一位神祇或英雄有血统联系。用希腊语来说，皮罗米斯这个词意思就是"君子"。①

在希罗多德之后，修昔底德的著作《伯罗奔尼撒战争史》(*History of the Peloponnesian War*) 也暗示了博学好古研究在当时希腊知识界的地位。这部著作只有第1卷（第1—23节）被称作"古代研究"，它讨论的是距离当代较为遥远的历史时期。事实上，修昔底德反对进行这种古代研究，因为他觉得在他自己时代之前的事情无法理解或没有意义。所以这些文字中，他避开了神话与传说，甚至尽量排斥希腊人的"信史"：荷马史诗。而且，修昔底德不相信道听途说的材料，而

---

① [古希腊] 希罗多德：《历史》，徐松岩译，上海三联书店2008年版，第143页。

只相信目击者的证词。①因此，修昔底德认为希罗多德对待历史的方法不够稳妥。

现代学者莫米里亚诺（Arnaldo Momigliano）认为，博学好古研究传统与修昔底德政治史传统几乎同时形成。因为在古希腊时期，有关地方历史的著作，以及关于地方行政官名单、宗教仪式、专有名称等方面的研究，都是在公元前 5 世纪 30—10 年代写成的；也就在这时，与修昔底德的著作明显不同的撰史传统开始形成。在修昔底德之后，"古代研究"就不再属于政治军事叙事史作者的工作了。②可见，希罗多德和修昔底德两种不同的撰史风格代表并形成了民族史书写的两个不同方向。

二 希腊化时期

在希腊化时代，传记体（bios，意思是"Life"，即"生活"）的发展是博学好古研究的一个重要方面。希腊传记体有两种书面形式，其一是按照年代顺序安排的传记，其二是根据主题逻辑来安排的传记。③根据主题逻辑安排的传记，涉及的是个人、城邦或希腊民族的内容。这种体裁的兴盛与逍遥派学者有密切的关系，因为他们认为传记体是研究人物、习俗和制度的有效形式。例如逍遥派学者、亚里士多德的学生之一迪凯亚尔库（Dicaearchus）就写有《希腊的生活》（*Life of Greece*），这部传记体著作系统描述了希腊的习俗和制度。

希腊后期取得巨大发展的另一种博学好古研究的著作形式是"阿提卡地方志"（atthides，约流行于公元前 350—前 200 年）。④ 阿提卡地方志作者中较重要的是安德洛兴（Androtion）与菲罗科鲁斯（Philochorus）。安德洛兴曾编写一部雅典史，此著并非雅典当代事件的记录，而是讲述了从远古到当代的历史。菲罗科鲁斯编写了《阿提卡史》（*Atthis*），此著

---

① ［美］唐纳德·R. 凯利：《多面的历史：从希罗多德到赫尔德的历史》，陈恒、宋立宏译，生活·读书·新知三联书店 2003 年版，第 52 页。
② Arnaldo Momigliano, *Classical Foundations of Modern Historiography*, Berkeley, California: University of California Press, 1992, p. 67.
③ Ibid., p. 65.
④ 之所以称"阿提卡地方志"，是因为这种形式的著作产生于充满历史遗迹的希腊地区阿提卡。

有十七卷的篇幅，其中六卷叙述神话时期和古风时期。稍晚于上述二人的学者是阿加塔卡斯（Agatharcus 或 Agatharchides），他的著作主要包括：《论亚细亚》（*Affairs in Asia*）、《欧罗巴志》（*Affairs in Europe*）和《红海》（*On the Erythraean Sea*），这些著作在中世纪得到了整理。①

在阿提卡地方志体裁中，关于某个城邦或神殿所在地的地方史，可能起源于公元前5世纪末。这种地方史一般从起源开始记述特定城邦的政治事件。到公元前4—前3世纪，希腊出现了关于雅典、斯巴达、维奥蒂亚、色萨利和西西里的地方史，但是这些作者并未被同时代人称为历史家，而只是被视为地方奇闻的收集者。②从现代史学意义上看，这类地方史强调了具体地区的个性及其连续发展，也是地方性神话材料的重要来源；作者关注古物的细节和制度的连续性，但是他们并不忽视变化性，也没有模式化地赞颂那些与起源有关的事件的伟大性。公元前99年，罗得斯岛上的城邦林多斯指示提马奇达斯（Timachidas）和忒萨戈拉斯（Thersagoras）二人编修林多斯雅典娜神殿的历史，作品中包含了奉献清单和女神显灵事件表；这项工作的目的则是赞美林多斯雅典娜神殿的悠久性与连续性。③

希腊化时代的博学好古研究中，与文艺复兴时期的学术情况较为接近的是类似语文学的工作。亚历山大里亚的学者在这方面做出了很大贡献。这些学者包括：埃拉托色尼（Eratosthenes），他是第一位自称为语文学家的人；④亚历山大里亚图书馆（Library of Alexandria）馆员芝诺多图（Zenodotus）和卡利马卡斯（Callimachus），他们曾编纂书目提要，精确地记载了亚力山大里亚图书馆所有图书的著者生卒年月、家族和个

---

① [美] J. W. 汤普森：《历史著作史》上，谢德风译，商务印书馆1988年版，第67页，原文人名上的错误已更正。

② Arnaldo Momigliano, *Classical Foundations of Modern Historiography*, Berkeley, California: University of California Press, 1992, pp. 86 – 87.

③ Arnaldo Momigliano, "Tradition and the Classical Historian", *History and Theory*, Vol. 11, 1972, p. 288. 引用此文时参考了宋立宏的中译。参见莫米里亚诺《传统与古典历史学家》，宋立宏译，载陈恒主编《新史学》第一辑，大象出版社2003年版。

④ [美] 唐纳德·R. 凯利：《多面的历史：从希罗多德到赫尔德的历史》，陈恒、宋立宏译，生活·读书·新知三联书店2003年版，第73页。

人史。①上述三位学者还对荷马史诗整理编修工作有很大贡献。

在同时代的某些希腊学者看来,上述博学好古研究著作带有地方自尊心和偏见,似乎对"更伟大的"政治军事叙事史有破坏作用。但就长期影响而言,因为它们在希腊化时期数量增多,成果也很有分量,所以博学好古研究随着时间的推移逐渐取得了一席之地。②

三 古罗马时期

在公元前2世纪至1世纪,因为罗马人对希腊世界的军事征服,希腊的文明出现了一定程度的衰退,这进而影响了博学好古研究发展的连续性。③但是,罗马人有自己的"古代研究"传统,他们比希腊人更为欣赏祖先的习俗制度。由于希腊文明是罗马共和国时期学者的榜样,因此后者在这方面吸收了希腊的博学好古研究范式。然而,仅有帝国时期的博学好古研究著作部分保存至今。例如瓦勒利乌斯·马克西穆斯(Valerius Maximus)献给罗马皇帝提比略(Tiberius)的《懿行嘉言录》(*Facta et dicta memorabilia*),此书除了模仿希腊博学好古研究的范式以外,还把内容扩展到了"罗马人"之外,这体现了帝国征服世界带来的影响,希腊博学好古中的地方主义因此发生了变化。

与此同时,修昔底德的撰史传统也被罗马学者继承了下来,而且这种传统的发展速度和规模都比博学好古传统更大。追随修昔底德传统的罗马史家包括:西塞罗、波里比阿、匹克脱(Quintus Fabius Pictor)、塔西佗、哈利卡纳苏斯的狄奥尼修斯等,虽然这些史家偶然也会利用档案文献,但是他们未曾通过系统地研究文献来撰写著作。对他们来说,纯粹的文献或材料研究的意义不大。另外在人物传记方面,普鲁塔克虽然在涉及政治人物时按照的是时间顺序,因而常忽略细节;但他在涉及诗人、艺术家和哲学家时,则体现了博学好古研究著作的特征,即按照

---

① [美] J. W. 汤普森:《历史著作史》上,谢德风译,商务印书馆1988年版,第65页。
② Arnaldo Momigliano, "Tradition and the Classical Historian", *History and Theory*, Vol. 11, 1972, p. 288.
③ Arnaldo Momigliano, *Classical Foundations of Modern Historiography*, Berkeley, California: University of California Press, 1992, p. 68.

系统分类方式来撰写，探讨具体人物的各个方面。①

这一时期最重要的博学好古研究者是瓦罗（Marcus Terrentius Varro），现代学者一般把他视为有史以来的第一位博学好古研究者。瓦罗的《古事记》（*Antiquitates rerum humanarum et divinarum*）是一部关于罗马史上的人物、地点、日期和事件的百科全书。②瓦罗从希腊博学好古传统那里继承了系统研究的精神，而且运用得更恰当和有效。同时代的罗马学者昆体良曾提到，瓦罗是最有学问的罗马人；就连罗马晚期的圣奥古斯丁（St. Augustine）仍然对他持肯定态度。③瓦罗的另一部影响较大的作品，是以论文形式保存下来的《论拉丁语》，这篇文章是关于语言历史的著作，但相比《古事记》而言，这部著作的想象成分居多。

瓦罗在罗马时期的追随者并不多见，其中较为重要的有：老加图（Cato the Elder），他的《源流》（*Origines*）一书追溯了罗马建城以来的历史，这一点他比李维做得更早。他在书中提倡那些使罗马在布匿战争中崛起的生活方式、乡村习俗和军事美德，但由于同时代的罗马人崇尚的是希腊文明，因此他的这些观点是毁誉参半的。他在上述著作中使用的材料包括了不常见的文献，例如通常在宴饮时吟唱的、用于赞美著名人物的"歌曲"（carmina）。④比瓦罗和老加图的时代更晚近的罗马的博学好古研究者，包括公元2世纪的奥鲁斯·盖利乌斯（Aulus Gellius），他的著作《阿提卡之夜》（*Noctes Atticae*）探讨了语法、古物、历史、传记、哲学、法律、风俗、文本考据、文学批评，还记载了一些文人朋友们的逸闻趣事。⑤公元4世纪的博学好古研究者包括"最后的异教徒"塞尔维乌斯（Servius）、玛克罗比乌斯（Macrobius）和西玛库斯（Sym-

---

① Arnaldo Momigliano, *Classical Foundations of Modern Historiography*, Berkeley, California: University of California Press, 1992, p. 65.

② Rosemary Sweet, *Antiquaries: The Discovery of The Past in Eighteenth - Century Britain*, London: Hambledon and London, 2004, p. 1.

③ 徐波：《博学好古研究与西方史学》，《四川大学学报》（哲学社会科学版）2005年第1期，第131页。

④ ［美］唐纳德·R.凯利：《多面的历史：从希罗多德到赫尔德的历史》，陈恒、宋立宏译，生活·读书·新知三联书店2003年版，第95页。近代学者尼布尔在重构古史时也以这些"歌曲"为基础。

⑤ ［美］唐纳德·R.凯利：《多面的历史：从希罗多德到赫尔德的历史》，陈恒、宋立宏译，生活·读书·新知三联书店2003年版，第91—92页。

machus）。①维基提阿斯（Flavius Vegetius）的《军事学摘要》（*Epitoma rei militaris*，写于4世纪）详细地描述了罗马过去的军队，他想利用对过去罗马军队的研究改进当时的军事力量。②除此之外，还有各种旅记体著作；旅记体著作在当时主要叙述的是罗马兵站、驿站和官方道路的情况。这类著作中最重要的是《安东尼游记》（*Antonine Itinerary*），它成为16世纪英国博学好古研究者卡姆登《大不列颠志》的书写动因之一。

总的来说，瓦罗之后，罗马的其他博学好古研究者没有能够达到他的水平，这与共和国、帝国之交学术的高峰是一致的，此后罗马的其他学术也处于缓慢衰落的趋势之中。现代学者莫米里亚诺则给出了另一种解释："罗马的传统主义恐怕没有希腊的多。博学好古研究者和法学家在共和时期的罗马是传统主义的主要拥护人，这是一个合情合理的猜测。希腊当然从未产生任何类似瓦罗《古事记》的作品。但罗马贵族没有通过书籍来了解传统并为之辩护的要求。瓦罗来自死气沉沉的萨宾地区，像他这种博学好古研究者的出现是一种危机的标志。"③

第二节　文艺复兴时期意大利的博学好古研究

一　中世纪晚期至文艺复兴早期

在中世纪时期，对古代的研究没有完全中断。例如塞维尔的伊西多尔（Isidore of Seville）《起源论》（*Etymologiae*，公元7世纪）是一部百科全书式的著作，它向中世纪读者传播了有关"古典"的观念，可见，关于风俗人情的系统性描述仍然存在。④而像罗马帝国灭亡、耶稣"圣迹"这样的主题，常常激起中世纪人研究的好奇心，少数著作会对这

---

① Arnaldo Momigliano, *Classical Foundations of Modern Historiography*, Berkeley, California: University of California Press, 1992, p. 69.

② [美] J. W. 汤普森：《历史著作史》上，谢德风译，商务印书馆1988年版，第138页。

③ Arnaldo Momigliano, "Tradition and the Classical Historian", *History and Theory*, Vol. 11, 1972, p. 289.

④ Arnaldo Momigliano, *Classical Foundations of Modern Historiography*, Berkeley, California: University of California Press, 1992, p. 69.

类内容进行系统描述。①例如图尔主教格雷戈里（Gregory of Tours）的著作《法兰克人史》（*Historia Francorum*），为后人提供了关于当时教会、行政事务、制度等方面的详细情况，这部著作也对当时的社会秩序、商业贸易、阶级制度、民俗风情、伦理道德、教育水平等方面有较好的描述，所以后人还称格雷戈里为"蛮族王国的希罗多德"。②

然而，整个中世纪的博学好古研究著作在质量和数量上都非常有限，这是因为异基督教的文化遭到了贬斥，文物古迹和古典时代古籍也受到战争的严重破坏。③中世纪人收集和保存物质遗存的兴趣，仅限于与基督教有关的圣物遗存，这一点阻碍了系统的博学好古研究的发展。④另外，和古希腊、罗马学者相比，中世纪学者缺乏历史感，由于基督教教义的限制，他们眼中的历史就是起源于创世、结束于审判的那种早已被安排好的一系列事件。

到文艺复兴早期，随着对古希腊罗马的兴趣逐渐增加，学者开始关注与古代有关的文献和物质遗存，他们的这种学术活动类似于博学好古研究。例如，彼特拉克仔细研究过古代文献资料，他在1345年发现了西塞罗致沃罗纳和阿提库斯的书信抄本以及李维罗马史的一些残卷。⑤他还使用罗马钱币来纠正或补充文献证据；他甚至抛弃哥特式字体，模仿古人的字体。⑥所以他也被人称作"热衷追逐各种抄本的猎人"。⑦

二　波焦·布拉乔利尼

15世纪的意大利人文主义者波焦·布拉乔利尼（Piggio Bracciolini）是古代抄本与文献的收藏家，他的工作为文本批评与文献研究奠定了基

---

① 参见徐波《博学好古研究与西方史学》，《四川大学学报》（哲学社会科学版）2005年第1期，第131页。
② 张广智、陈新：《西方史学史》，复旦大学出版社2000年版，第76页。
③ 徐波：《博学好古研究与西方史学》，《四川大学学报》（哲学社会科学版）2005年第1期，第131页。
④ 参见［加］布鲁斯·G. 格尔《考古学思想史》，徐坚译，岳麓书社2008年版，第22—58页。
⑤ Arnaldo Momigliano, *Classical Foundations of Modern Historiography*, Berkeley, California: University of California Press, 1992, p. 70.
⑥ Peter Burke, *The European Renaissance: Centres and Peripheries*, Oxford: Blackwell Publishing, 1998, p. 24.
⑦ 郭小凌：《西方史学史》，北京师范大学出版社1995年版，第175页。

础。他曾担任罗马教廷元老院的圣职和佛罗伦萨共和国的大法官和编史官。[1]

波焦利用上述工作带来的便利,全身心地投入于抄本的收集与研究工作。1414年他因公前往康斯坦茨时,利用空余时间考察了瑞士和士瓦本的修道院的图书馆。他使雷切诺(Reichenau)、魏因加滕(Weingarten)和圣高尔(St. Gaul)三座修道院的抄本收藏重见光明,发现了许多在中世纪失落的古罗马拉丁文学杰作。他曾在书信中描述过,他在圣高尔修道院重新发现了昆体良、斯塔提乌斯(Statius)、瓦勒里乌斯·弗拉库斯(Valerius Flaccus)的部分作品。另外,他所发现的卢克莱修(Lucretius)、科伦贝拉(Columbella)、西里乌斯·伊塔里库斯(Silius Italicus)、马尼里乌斯(Manilius)和维特鲁维乌斯(Vitruvius)等抄本,则由他亲自抄下来之后再散发到其他学者那里。1417年夏天,他在朗格尔(Langres)修道院发现了西塞罗的《塞西拿演说》(*Oration for Caecina*)和另外9份到当时为止还无人知晓的演说词;同年,他在蒙特卡西诺(Monte Cassino)修道院发现了弗朗提努斯(Frontinus)作品的一份抄本。[2]而在赫斯菲尔德(Hersfeld)修道院的图书馆中,他为了摘选李维和阿米亚努斯(Ammianus)的抄本不惜向僧侣行贿。

波焦认为,人类学术兴趣的目标应该是博学。因此,他批评教皇和世俗君主把时间浪费在了战争和宗教争论上,后者仅在有利可图的条件下才有复兴古典学术的动力。波焦也是一名旅行家,他在旅行时总是抱着宽容的态度,努力适应各地的风俗习惯,因此,他能够客观地记录英格兰和瑞士的习俗和当代史事件。虽然波焦的贡献在于收集而不在于整理和翻译(因为他在古拉丁语方面的水平并不出众),但是他的态度和精神是值得赞赏的,他的考察与搜寻抄本的工作对于后世的研究是十分必要的。

三 弗拉维奥·比昂多

弗拉维奥·比昂多(Flavio Biondo)建立了文艺复兴时期的博学好

---

[1] Wikipedia contributors, "Gian Francesco Poggio Bracciolini", *Wikipedia*: *The Free Encyclopedia*, http://en.wikipedia.org/wiki/Gian_ Francesco_ Poggio_ Bracciolini. (Accessed March 2, 2010)

[2] 郭小凌:《西方史学史》,北京师范大学出版社1995年版,第175—176页。

古研究传统。考古学史学者称他为已知的第一批考古学家之一。比昂多撰写了三部博学好古研究著作，它们通过文献和物质证据，系统地描述了罗马城的遗迹与地形，它们为比昂多建立了考古学史上的声誉，也为他之后的其他博学好古研究者树立了一种著作范式。

  文艺复兴初期，罗马城中的古代遗迹杂草丛生，几乎湮没无闻。前文提及的波焦曾在晚年看到，曾经的罗马广场表面已经积起泥土，人们甚至在上面放牧牛群与猪群。比昂多可能也看到了这样的景象，因而他希望通过博学好古研究著作来恢复罗马曾经的光荣。[①]

  比昂多在1444—1446年出版的《复兴的罗马》(*De Roma instaurata*) 和在1459年出版的《胜利的罗马》(*De Roma triumphante*) 两部著作，重建了古代罗马城的地形，为其他人文主义者提供了关于古代的想象。比昂多在此书中还指出，通过对罗马废墟的思考，人们可以超越纯粹的地域视野。此书恢复古罗马原貌，就是以其残留的废墟为基础的；比昂多相信，遗迹之所以有价值，就是因为它的连续性造成了它的可靠性。

  在1474年问世的《光辉的意大利》(*Italia illustrata*) 是关于意大利十四个地区的地理与历史的著作，它的书写基础则是比昂多自己的旅行考察。这部著作在文风上模仿西塞罗，但它所使用的材料包括抄本文献、遗迹考察笔记和古拉丁语铭文材料。此著中，比昂多在地理方面的描述，模仿的是希腊化时期的地理学家斯特拉波。与前两部著作相比，他的视角并不局限罗马城一地，而是树立了"意大利"的整体观念，从而将整个亚平宁半岛囊括在内。他认为地形是联结古代与当代的中介，所以他把古代与当代各自对具体地点的描述联系在一起，并附加上关于此地点的重要政治军事历史。因而我们也可以把比昂多的著作归属到现代的历史地理学领域。[②] 如果从博学好古的角度看，这可以被视为博学好古研究与修昔底德撰史传统的结合，这种做法在同时代的学者中是具有开创性的。

[①] Wikipedia Contributors, "Flavio Biondo", *Wikipedia*: *The Free Encyclopedia*, http://en.wikipedia.org/wiki/Flavio_Biondo (Accessed April 8, 2010).

[②] Ibid..

虽然比昂多在众多人文主义者中的古典学水平一般,对文本的批评方法也不高明,但是他所用的材料却是其他学者所未曾意识到或未曾使用过的。① 所以说,比昂多的三部著作刺激了博学好古研究,上承瓦罗对罗马的研究,创建了对近现代史学影响很大的瓦罗—比昂多博学好古研究传统。

比昂多之后,意大利还出现了其他博学好古研究著作。例如基利阿柯(Cyriacus of Ancona)曾到意大利、希腊、爱琴海岛屿常年考察,临摹铭文,绘录古代建筑,最后撰成《古物评述》(*Commentarii*)一书。基利阿柯之后的意大利博学好古研究者是莱图斯(Laetus),他在自己家内开办了一个钱币收藏室,并使用铭文资料进行古代罗马研究。他还创建了罗马科学院,其成员必须起古罗马名字。② 再如弗拉·乔康多(Fra Giocondo)则编辑整理了古罗马建筑家维特鲁威(Vitruvius)的作品,制作了精美的古拉丁铭文图稿,最后将这些图稿放到自己的按地形排列的笔记中,这些材料在1521年由雅克波·马佐奇(Jacopo Mazzocchi)出版。③

第三节　文艺复兴时期欧洲其他地区的博学好古研究

意大利的博学好古研究传统随着人文主义传播到欧洲的其他地区。④ 法国史家的法学与古史研究以及玻兰达斯派的文献研究是英国之外值得关注的学术史事件。

法国的博学好古研究与意大利的比昂多传统有差别。首先,法国博学好古研究者的研究对象不是已经失落的古典文明,而是法兰克民族的历史传统,因而他们的研究实际上不是一种再发现,而是一种保存与维护。其次,意大利的博学好古研究者不如法国人那样有社会地位,前者

---

① 孙秉莹:《欧洲近代史学史》,湖南人民出版社1984年版,第9—11页。
② 郭小凌:《西方史学史》,北京师范大学出版社1995年版,第176页。
③ Jill Kraye, "History and Antiquarianism", Paul F. Grendler, ed., *Encyclopedia of the Renaissance*, Charles Scribner's Sons, New York, 1999, p. 15.
④ 有学者认为,博学好古研究这一传统传播得比人文主义其他方面慢。参见 F. J. Levy, *Tudor Historical Thought*, Toronto: University of Toronto Press, 2004, pp. 124–166。

常担任教师或受贵族阶层的临时庇护,后者则本身就属于贵族,有的是职业的法学研究者,有的则是宫廷中的"政治家派"。所以法国博学好古研究带有更为浓厚的政治与宗教色彩,他们身兼人文主义者、职业学者和御用文人几种身份。法国的政治状况要求他们为王权和民族历史的独立性辩护。

纪尧姆·比代（Guillaume Budé）在古罗马历史研究方面有突出贡献。他的《〈学说汇纂〉注释》（*Annotationes in XXIV. libros Pandectarum*）是一部革命性的罗马法研究著作；《论古罗马钱币》（*De Asse et Partibus*）论述的是罗马帝国的经济状况,这部著作表现出他对于古典权威作品的熟知程度,也说明他已经开始专门讨论与实物证据有关的历史研究。总的来说,他的古典学术水平可与同时代的人文主义大师伊拉斯谟相提并论,为此他相信,非基督教学术与基督教神学理论之间存在某种联系。比代在材料的分析上继承了洛伦佐·瓦拉的方法,他认为文本的形式与文本的内容应该是一致的,如果某份材料的语言风格发生了变化,那么这份材料所属的文化与社会状况也发生了改变。据此他总结性地指出,语文学是一切学科的源泉。[①]

法国学者的法学研究是他们在博学好古研究方面取得的最重要成果,其中,让·杜蒂耶（Jean du Tillet）、皮埃尔·皮图（Pierre Pithou）、博杜安和帕斯基耶等学者值得我们关注。杜蒂耶对封建法进行了研究,他以中古社会为基础提出的"法学民族主义"在16世纪的法国社会产生了很大影响,而他自身的学术则表现为多学科融合的特点,这是法国博学好古研究的重要特征之一。他与皮埃尔·皮图的努力,使法国的学术研究融合了语文学和中古研究各自的优势。皮图更好地继承了洛伦佐·瓦拉的文学批评,他的《香槟及布里伯爵述略》一书（尽管此书未在其去世前完成）使自己成为16世纪法国学界的中古史权威。他编撰的《法国中古编年史集成》是十一部编年史、书信和修会法规的集成,其中很多文献是第一次印刷出版。[②]博杜安则在1561

[①] 徐波:《文艺复兴时期法国民族史学研究》,四川人民出版社2006年版,第66—72、74—76页。

[②] 同上书,第213—219页。

年出版了《整体史的建立及其与法学的综合》(De Institutionae historiae universae: libri II: et ejus cum jurisprudencia conjunctione),其序言谈到了法学研究与博学好古类型的历史研究之间的关系,即历史研究可以丰富法学家受到的法律教育,而历史家又能通过研究法学而得到法律训练。他还指出,法学与博学好古研究之间有相似性。而他所认为的整体史(本书在第一章中已经提及)既要求在时间和空间上囊括一切,也必须满足包括人文主义方法、哲学思想和博学研究在内的三个条件。需要注意的是,博杜安的整体历史包括神学史,这与培根提出的知识体系有区别,因为博杜安所在的法国世俗权力与宗教权力的融合程度比英国更深。[①]帕斯基耶是推行俗语运动的人文主义者,因而他对语言在历史上的变化有深刻理解。他认为,尽管每个民族都认为自己的语言是最完美的,但实际上民族语言是一种辨别地方与民族特征的方法,而且,政权变更也会引发语言的变化。在罗马法研究方面,他则指出法国人所拥有的水平很高的法学研究和别具一格的民族语言,是法兰西文化决定的,而法兰西文化又是上帝意志的体现。[②]

法国在16世纪的上述研究促成了17世纪之后的法国博学好古研究的更高程度的繁荣。在1650年至1750年,法国出版了四百对开本以上的有关早期教会史和中世纪史的文献,其中包括中世纪编年史,圣徒传记,国王、教皇、高级教士的信札,寺院和宗教会议的文献,以及各省的地方史资料,[③]它们是19世纪历史家进行"科学研究"的基础。

比利时玻兰达斯派是以宗教修会为基础的学术团体,它在整理、编修和出版圣徒传记和教会史文献方面做出了很大贡献。由于他们认为信仰和学术是可以调和的,所以其学术成果没有遭遇到太多反对声音;这也说明,与宗教改革时期对史料文献的批评相比,玻兰达斯派的文献研究水平有所提高。

赫里伯特·路斯威德(Heribert Rosweyde)是玻兰达斯派的创始人。他的弟子就叫让·玻兰达斯(Jean Bollandus),因为玻兰达斯曾按

[①] 徐波:《文艺复兴时期法国民族史学研究》,四川人民出版社2006年版,第100—106页。
[②] 同上书,第230—239页。
[③] 孙秉莹:《欧洲近代史学史》,湖南人民出版社1984年版,第64—65页。

照圣徒节的时间顺序,整理编修基督教史上所有出现过的圣徒生平,开创了延续两百多年之久的圣徒传记整理工作的先河,所以后世学者把这个修会称为"玻兰达斯派"。丕皮布洛奇(Daniel Papebroch)是玻兰达斯派中较为杰出的一位学者,因为他在史料批判中彻底推翻了"资料来源越古老,越普遍被人接受,也就越应该受到尊重"的传统原则,对此他自己提出的标准是:以史料本身的真实与否及其与客观历史事实相符与否作为衡定其价值高低的标准。①玻兰达斯派学者的研究工作具有强烈的合作特色。上文提及的让·玻兰达斯开创的圣徒传记整理就是这种类型的工作。因为像约翰·福克斯这样的16世纪教会史学者曾驳斥过中世纪圣徒传记的虚构性,所以,信仰天主教的玻兰达斯派学者为了不让这些传记材料完全失去意义,就以文本批评的眼光看待并分析这些材料中较为可靠的部分。他们这项集体工作的目的可以说就是发掘充满神迹和传说的圣徒传记材料中的历史学价值。

以巴黎圣日耳曼德普莱修道院(St Germain des Prés)为中心的摩尔派,虽然也在文献整理和研究方面做出了巨大成就,人们常常在提到玻兰达斯派的同时就说起摩尔派;但是因为他们的重要著作都是在18世纪出版的,所以笔者将在其他的场合再做进一步论述。

第四节 文艺复兴时期英国的博学好古研究

一 约翰·利兰

第一位英国的博学好古研究者是"英国地方史之父"约翰·利兰(John Leland),他的《旅记》(*Itinerary*)将郡视为研究英国史的基础单元,这一观念一直影响到当代。

利兰曾担任诺福克公爵(Duke of Norfolk)三世之子托马斯·霍华德勋爵的导师和弗朗西斯·黑斯廷斯(后来的亨廷顿伯爵)的导师;之后他被任命为亨利八世宫廷牧师之一。由于他在博学好古研究方面的成就,国王还任命他为皇家图书馆管理人,并授予他"皇家古物官"(Royal Antiquary)头衔。在英国的授勋史上,利兰是唯一获得这一头

---

① 张广智、陈新:《西方史学史》,复旦大学出版社2000年版,第128—130页。

衔的学者。从此以后，利兰也开始自觉地认同自己为"博学好古研究者"（antiquarius），这在英国的博学好古研究学术史上具有开创意义。[1]

利兰在博学好古方面的成就依赖于他的实地考察，而且，他把这种考察以古罗马旅记体的形式记载下来，从而强调了实地考察对于古代研究的重要意义。1533 年，亨利八世授利兰以"皇家古物官"头衔之后，即委托他探索所有主教堂、修道院、小修道院、学院的图书馆，也就是所有存放档案和文书的地方，并考察在这些地方存放的古物。托马斯·哈恩（Thomas Hearne）在 18 世纪曾整理利兰的著作出版，他曾这样评价利兰进行古物考察的目的：

> 所有古代的文字遗物都被完全漠视；德意志的学者批评这种有罪的漠视，他们对于进入我们的无人看管的图书馆感到痛苦，对于摘选储存在那里的书本中他们认为合适的段落感到痛苦；他们把这些段落在自己的国家以古代文学的遗物出版于世。[2]

这次考察一共用了 6 年时间（1540—1546 年）。利兰在访问位于英格兰和威尔士地区的古代建筑或纪念碑的遗迹时，注意在笔记中记载旅途中看到的所有事物。这种做法是英国博学好古研究著作的基本模式。探索完成后，他将考察笔记题献给亨利八世，并取名为《新年礼物》（*New Year's Gift*，1549 年），也就是托马斯·哈恩所整理的《旅记》。利兰在《旅记》自序中认为自己的辛勤考察是有价值的，他说：

> 我在陛下的海岸与内陆的领地中已经如此劳累，花完所有的劳力与资金，六年过去，几乎没有什么洞穴、港口、河流、湖泊、沼泽、山川、谷地、森林、城镇、城堡、寺院或大学是我不曾见过的；由此我感到，所有这些事物都非常具有纪念意义。

---

[1] W. H. Herendeen, "William Camden: Historian, Herald, and Antiquary", *Studies in Philology*, Vol. 85, 1988, pp. 192 – 193.

[2] Wikipedia Contributors, "John Leland", *Wikipedia*: *The Free Encyclopedia*, http://en.wikipedia.org/wiki/John_Leland_(antiquary) (Accessed March 25, 2010).

除此以外，利兰还向亨利八世承诺，他不会中断自己的工作，而是要继续考察英国地区所有的图书与抄本收藏，以恢复英格兰民族的文学传统。这可以说是民族主义萌芽的表现，与法国博学好古研究者研究本民族中古历史的最终目的类似。英王非常支持利兰的决定，他继续任命利兰为牛津大学国王学院基督教堂的牧师和萨勒姆教堂的牧师。这些职务保证了利兰进行全国考察的开销。最后，利兰带着已出版的《旅记》和进一步搜集的材料，到达自己位于伦敦奇普塞德（Cheapside）的住所，计划在《旅记》的后面新加一部英国史。这部计划中的英国史按郡和领地分卷，而不是像当时英国的流行历史书一样按年代顺序排列。但直到1552年他去世以前，这个计划也未能实现。[1]

利兰的《旅记》以观察、记录和保存作为构建全书框架的原则，这与意大利人文主义者的历史作品属于截然不同的两种传统，也就是博学好古的瓦罗—比昂多传统和政治军事叙事史的李维—布鲁尼传统。李维—布鲁尼传统是要通过修辞来实现历史的道德训诫作用，而利兰的作品，正如都铎王朝后期的学者约翰·贝尔（John Bale）所说，其目的是要保存过去的遗物与抄本，记载英国各地的地理情况。因为事件在短时间内会发生剧烈变化，而物质遗存和地形则能够被保留给子孙后代。贝尔指出，利兰所记载的东西，对于子孙后代仍然具有实用价值。[2]利兰在《旅记》以外的笔记，现在以手稿的形式保存在牛津大学波德莱图书馆（Bodleian Library）中。《旅记》加上利兰未出版的考察笔记，都是价值极高的、关于英国地方史与历史地理的原始材料，现代学者还能够从中阅读出社会史、经济史和考古学方面的信息。

利兰的博学好古著作与来自欧洲大陆的人文主义，共同培育了16世纪后期的博学好古研究。最初的博学好古研究正是与古典时代的英国历史有很大关系。同时，古典时代的艺术品和其他人工制品通过大游学

---

[1] Wikipedia Contributors, "John Leland", *Wikipedia: The Free Encyclopedia*, http://en.wikipedia.org/wiki/John_ Leland_ (antiquary) (Accessed March 25, 2010).

[2] W. H. Herendeen, "William Camden: Historian, Herald, and Antiquary", *Studies in Philology*, Vol. 85, 1988, p. 198.

和贵族阶层的收藏,也在英国形成了一定的积累。①应该说,英国博学好古研究的氛围正是从 16 世纪中叶开始慢慢形成的。

虽然利兰著作的可读性无法与同时代的波利多尔著作相比,但是利兰开创了英国的博学好古传统,也树立了博学好古研究的英国范式。英国的博学好古研究从一开始就有自己的特色:首先,实地考察是英国博学好古研究者收集资料的主要方法,而且这种考察的对象既包括修道院抄本,也包括过去的人工制品;其次,出于英格兰民族主义,英国博学好古者从一开始就视保存本民族的过去为自己对子孙后代做出的贡献;最后,利兰已经有了按地理单元编撰著作的思路,其他博学好古研究者将对此进一步发挥。而在利兰之后的其他博学好古研究者的成果,则使英国的博学好古研究与意大利、法国的研究之间的距离越来越远。

二　威廉·卡姆登

从伊丽莎白即位到英国内战之前的近一百年中(16 世纪 60 年代至 17 世纪 40 年代),英国国内的宗教争端逐渐缓和,国力日趋强盛,虽然国王与议会的关系越来越紧张,但是总体上说是一个和平年代。在这一百年中英国学者和文人所创造的文化成就,只有光荣革命以后的"奥古斯都时代"才能与之相提并论。学界一般认为英国的"文艺复兴"就发生在此时,博学好古研究也得到了很大发展。本节的其余部分将按时间顺序介绍这一时期的重要博学好古研究者及其著作,至于其他相对而言次要的学者,本书将在专题性论述中涉及。

16—17 世纪最重要的博学好古研究者是威廉·卡姆登(William Camden),他的历史著作也很重要,但他对 19 世纪史学科学化影响最大的作品是《大不列颠志》(*Britannia*,拉丁语第一版 1586 年,英语第一版 1610 年)。

卡姆登出生在伦敦,他的父亲可能是一位画师,这一点也许造就了他对古代人工制品和遗迹的敏感。他曾就读于圣保罗大教堂的教会学校,1566 年进入牛津大学。1571 年,他因为宗教立场失去了本应取

---

① Joseph M. Levine, *Humanism and History: Origins of Modern English Historiography*, Ithaca: Cornell University Press, pp. 73 – 106.

得的文学学士学位，回到伦敦圣保罗学校。据说，他在这时已经决定研究古物，因而他有意以博学好古研究者的要求来训练自己，也就是有意提高自己的拉丁语水平，并开始了解威尔士语。①这两点使他在以后既能够吸收欧洲大陆的最新学术成果，又能实证性地考察本国的历史。因为《大不列颠志》在分析通过考察收集而来的材料时，大量地使用了语源分析。做语源分析的条件是研究者必须懂得多门古代语言，而且这些语言中必须包括除古拉丁语与古希腊语而外的"蛮族语言"。卡姆登以柏拉图为榜样，因为柏拉图曾指出需要根据"蛮族"语言来追踪某些专有名词的起源，而且柏拉图承认蛮族语言比希腊语更为古老，所以卡姆登就求诸古不列颠语和威尔士语，尤其是保留了大量古代词汇的威尔士语。②这就是卡姆登在青年时代就开始注重古代语言学习的动机。

卡姆登在《大不列颠志》中的考察方法是继承利兰《旅记》的。例如他提到某个存留有古罗马军事建筑残骸的地区时，按以下顺序进行描述：

（1）自然地形

"我确实看到了那个地方，它建在高坡和山岭的悬崖之上，蜿蜒起伏，妙不可言。"

（2）带有人类足迹的地貌

"在有些坡度平缓开阔的地方，它的前面有一道宽阔的深沟，现在有许多地方已被填高，成了土埂或军事道路，而在大部分地区则被断开。"

（3）在地貌上方的人类建筑

"它有许多塔楼和要塞，互相间隔的距离大约一英里，人们称它们为'城堡的坐骑'。"

---

① Stuart Piggott, *Ruins in a Landscape: Essays in Antiquarianism*, Edinburgh: Edinburgh University Press, 1976, pp. 1 – 24.

② Graham Parry, *The Trophies of Time: English Antiquarians of the Seventeenth Century*, Oxford, New York: Oxford University Press, 1995, pp. 29 – 30.

（4）建筑细节

"在这些塔楼和要塞之间还矗立着一些安扎士兵的小角楼……"

（5）对建筑古代功能的推测

"……以便能及时发现敌人并迅速登上塔楼。"①

可见，属于叙事的部分非常少，而且有关物质遗存的推测文字也不会具体说明因果关系。也就是说，卡姆登主要关注的是地形地貌与物质遗存本身。

《大不列颠志》的影响力并不是一蹴而就的，在这部著作修订、再版的过程中，卡姆登继续从乡绅学者和欧洲大陆学者那里索取信息，亲自到各地的图书室和档案办公室抄写资料，并尽可能多地收藏铭文、钱币、家族纹章和用文字记载的家族谱系。这也很像约翰·利兰，后者正是在《旅记》的第一版《新年礼物》成书之后，继续进行考察，并拟订更宏伟的书写计划。根据现代学者的研究，在《大不列颠志》第一版出版之前，卡姆登已经进行了三次考察：

第一次　1578年：东盎格里亚。

第二次　1578年：萨福克、诺福克、亨廷顿、剑桥。

第三次　1582年：约克、萨福克、兰开斯特。

《大不列颠志》第一版问世之后，卡姆登又做了至少四次考察：

第四次　1590年：德文。

第五次　1590年：威尔士。

第六次　1596年：索尔兹伯里、威尔斯、牛津。

第七次　1600年：卡莱尔。②

博学好古研究传统与叙事史传统的相互隔绝，在英国也很明显。卡姆登在同时代英国学者眼中的形象就能说明这一点：他的同时代人主要把他看作一名历史学家，而非博学好古研究者。卡姆登自己也不想完全

---

① 参见［英］保罗·巴恩《考古学的过去与未来》，覃方明译，译林出版社2008年版，第40—41页。

② Richard L. DeMolen, "The Library of William Camden", *Proceedings of the American Philosophical Society*, Vol. 128, No. 4, 1984, pp. 327–328.

摆脱起源更为明确的李维—布鲁尼撰史传统,所以他把自己说成是"文物古史方面的半瓶子醋"(smatterer in the antiquities)。但这种说法也说明《大不列颠志》与他的人文主义编年史著作《伊丽莎白女王统治期编年史》(*Annales Rerum Gestarum Angliae et Hiberniae Regnate Elizabetha*)不同,他想让学界注意这种差异。但毫无疑问,卡姆登的谦卑态度实际上显示了博学好古研究在16、17世纪之交还登不上大雅之堂。① 而且,由于牛津大学的第一个人类史讲席是卡姆登设立的,所以我们可以得出这样的结论,卡姆登有一种把博学好古传统与叙事史传统结合在一起的想法。这样的想法要到18世纪才能部分实现。

《大不列颠志》在17世纪末"奥古斯都时代"刚刚开始时得到了严肃的修订与增补,结合了18世纪以前英国博学好古研究取得的成果,是英国近代早期历史研究的高峰。② 相关的修订增补工作是由爱德蒙·吉布森(Edmund Gibson)领衔的一个博学好古研究者团队在1695年完成的。通过这个团队的努力,《大不列颠志》的容量没有发生太大变化。实际上,当时的博学好古研究已经渗透到社会中,很多新贵族要求把自己的家谱写到新版著作中,但是出于学术的严肃性和印刷商对成本、销量的担心,吉布森舍弃了许多细枝末节的地方性材料。《大不列颠志》的第三次大规模修订是在1789年完成的,虽然卡姆登最初的很多叙述都被后来的研究所改正或替代,但他思想的影响力是经久不衰的。③

三 其他博学好古研究者

亨利·斯倍尔曼(Henry Spelman)是活跃于17世纪初的研究英国制度史的博学好古研究者。他于16世纪60年代生于诺福克的一个贵族家庭,曾进入剑桥大学三一学院学习,最终在伦敦的林肯法学院学习法律。他在二十多岁时就成为博学好古研究者学会的一员,很早就表现了

---

① W. H. Herendeen, "William Camden: Historian, Herald, and Antiquary", *Studies in Philology*, Vol. 85, 1988, pp. 195 – 196.

② Stuart Piggott, *Ruins in a Landscape: Essays in Antiquarianism*, Edinburgh: Edinburgh University Press, 1976, pp. 1 – 24.

③ Ibid., pp. 33 – 54.

强烈的博学好古研究兴趣。[1]上一节提到的爱德蒙·吉布森在17世纪末曾写过关于斯倍尔曼的传记文章,在文章中,吉布森赞美了斯倍尔曼"关于我们的民族的法律和古代状况的知识",说"他之所以用一生的大部分时间去研究那些知识,是因为他要服务于他的国度,同时满足自己的兴趣爱好"。[2]

约翰·塞尔登(John Selden)是与斯倍尔曼同时代的博学好古研究者,他的研究涉及宗教、法律和制度各个方面。塞尔登曾在伦敦的内殿法学院学习法律,也就是说,他与斯倍尔曼接受的都是正统的英国普通法教育。他在《英国坚纽斯神的另一面》(Jani Anglorum facies altera)中指出,诺曼征服之后,英国原来的撒克逊习惯法已经被彻底取代,而这种观点并非当时的主流。他关于宗教的作品《论叙利亚神祇》(De dis Syris syntagmata)则涉及对多国古代文献的研究,此著还为英国文学家约翰·弥尔顿(John Milton)《失乐园》(Paradise Lost)中的人物命名提供了很多借鉴。[3]他的《什一税史》(History of Tithes)虽然讲述的是敏感的教会话题,但因为他的学术高度以及对材料的准确掌握,这部著作严谨地平衡了自身的立场,而没有成为教会攻击的靶子。[4]总的说来,塞尔登真正做到了"博学",他涉及的研究领域在同时代英国学者中是最为广博的,而且他的这些研究必须要求作者精通东西方语言,了解各国的历史发展。

约翰·维弗尔(John Weever)也是活跃在17世纪上半叶的博学好古研究者,他在1631年出版的《古代墓葬纪念碑》(Ancient Funerall Monuments)是一部研究宗教古物的重要作品。这部作品虽然在表面上以物质遗存作为研究对象,但事实上它还涉及了各种与教堂相关的铭

---

[1] Graham Parry, *The Trophies of Time: English Antiquarians of the Seventeenth Century*, Oxford, New York: Oxford University Press, 1995, p. 159.

[2] Ibid., p. 158.

[3] Richard F. Hardin, "Antiquarianism", Paul F. Grendler, ed., *Encyclopedia of the Renaissance*, Vol. 1, New York: Charles Scribner's Sons, 1999, p. 75.

[4] Ernst Breisach, *Historiography: Ancient, Medieval, and Modern*, Chicago: University of Chicago Press, 1994, p. 193.

文、习俗和礼仪活动，例如教堂内的墓志铭与英国的葬礼制度。[1]由于英国在17世纪40年代进入内战，再加上后来清教主义者执政，因而与英国国教有关的宗教遗迹与人工制品受到了极大破坏。《古代墓葬纪念碑》的最大贡献就是对这些不可复原的物质遗存的记载，这体现了博学好古研究者希望自己的作品在子孙后代那里发挥作用的书写动机。但内战和清教主义也在某种程度上加快了博学好古研究者记载和保存铭文与古物的速度。例如威廉·达格代尔（William Dugdale）的《沃里克郡古物》（*Antiquities of Warwickshire*，1656年）、《英国修道院》（*Monasticon Anglicanum*，1655—1673年）和《圣保罗大教堂史》（*History of St Paul's Cathedral*，1658年）就是上述政治形势催生下的成果。

四 学术团体、学术机构与学术交流

（一）博学好古研究者学会

文艺复兴时期英国博学好古研究者组成的学会"博学好古研究者学会"（Society of Antiquaries 或 College of Antiquaries），是在1586年伊丽莎白在位时建立的，它存续了大约20年，后来因为博学好古研究与詹姆士一世的政治理念发生冲突而被迫解散。18世纪初，英国还出现了同名的学术团体，但两个团体之间相隔很长时间，它们没有直接继承关系。16、17世纪之交的博学好古研究者学会，是英国博学好古研究的学术中心，它与下文将要提到的罗伯特·柯顿图书馆和博学好古学术网络的建立、维系有关，三者相互支持，形成了文艺复兴时期英国博学好古研究的社会支持系统。

博学好古研究者形成团体的因素主要有两个方面。首先是学者们的共同兴趣。从宏观方面看，近代早期英国的贵族阶层希望通过纹章来确定自己家族的悠久历史，并为当前的土地所有权形成法律依据，因此纹章研究在当时的英国受到较大关注，政府为此专门设有纹章院（College of Arms）为贵族阶层的家族历史提供权威证明。而博学好古研究者学

---

[1] Graham Parry, *The Trophies of Time*: *English Antiquarians of the Seventeenth Century*, Oxford, New York: Oxford University Press, 1995, pp. 200 – 202.

会最初的会议地点就是在伦敦纹章院所在的德比楼。① 从微观方面看,部分学会成员具有相似的教育经历。例如塞尔登、柯顿和斯倍尔曼是在伦敦四大法学院②中相识的。另外,一些学会成员之间还有深厚的私人友谊,例如卡姆登是柯顿的精神导师,也是约翰·斯托的挚交。而且大部分成员都通过与纹章和法律相关的职业互相认识。③

博学好古研究者学会成立的第二个因素与卡姆登有关。卡姆登的《大不列颠志》第一版的问世时间与学会的创建是在同一年(1586年),《大不列颠志》拉丁语的最后一版恰巧在学会被迫解散的同一年(1607年)。虽然说没有直接证据表明学会创建是对卡姆登著作出版的回应,但是从后来学会成员讨论的议题和论文来看,《大不列颠志》实际上是为整个团体的学术研究确立了一种标准。④

博学好古研究者学会声称自己这一组织存在的目的是描述并解释英国的过去。近20年中,学会成员在会议上讨论的论文,主要涉及英国的封建制度、官职演变、勋位和头衔的发展、自治城镇的起源、宗教建筑的历史等问题。例如为学会成员提供图书和抄本资源的柯顿,他虽然没有出版有影响力的著作,但是他在会议上宣读过关于纹章院"Earl Marshal""Lord High Constable of England"和"Lord High Steward of England"三大头衔、议会起源的法律渊源和英国基督教在古典时期的发展等问题。

博学好古研究者在学会会议上宣读的论文有几个特点。第一,论文内容是相关信息的列举,很少得出综合性的结论,也很少带有强烈的政治倾向。⑤尽管如此,詹姆士一世仍然对博学好古研究的潜在威胁感到害怕,这恰好从反面说明博学好古研究的可靠性,它虽然没有传

---

① 之后在罗伯特·柯顿的宅邸中会面。
② 即格雷法学院(Gray's Inn)、林肯法学院(Lincoln's Inn)、内殿法学院(The Inner Temple)和中殿法学院(The Middle Temple)。
③ Richard F. Hardin, "Antiquarianism", Paul F. Grendler, ed., *Encyclopedia of the Renaissance*, Vol. 1, New York: Charles Scribner's Sons, 1999, pp. 75 – 76.
④ Linda Van Norden, "Peiresc and the English Scholars", Ph. D Thesis (University of California, Los Angeles), 1946, p. 370n.
⑤ Graham Parry, *The Trophies of Time: English Antiquarians of the Seventeenth Century*, Oxford, New York: Oxford University Press, 1995, pp. 72 – 73.

统政治军事叙事史的道德训诫功能,但是客观上起到了反映历史真相的作用,这一点明显会让专制主义统治者产生恐惧感。第二,论文在讨论具体某个历史问题时,倾向于尽可能向遥远的古代追溯起源。在实体的史料不足以说明起源的时候,当时的学者会使用语源学来推测专有名词中的隐藏含义,[1]虽然这种纯粹的语源推测方法在现代史学看来是站不住脚的,但在当时却体现了博学好古研究者对多门古代语言的熟练掌握。第三,这些论文涉及的地理范围一般不会超出英国。根据现代学者的统计,在大约二百篇现存的学会会议论文中,有四分之三以上的论文只谈论英国的情况。[2]这可能在某种程度上说明了16、17世纪英国民族主义的萌芽。

(二)柯顿图书馆

罗伯特·柯顿在17世纪初建设的图书馆,被称为"柯顿图书馆"(Cotton Library 或 Cottonian Library),这座图书馆在当时不仅服务于博学好古研究者学会的成员,而且也向其他学者提供服务,例如培根和瓦尔特·拉雷都曾依赖于柯顿图书馆进行学术书写与研究。

在柯顿图书馆建立之前,英国的抄本与其他文献的保存情况并不理想,其中抄本有一部分收藏在各处主教堂,而那些早已在亨利八世时期解散的修道院的抄本则被抛售给私人(利兰是在修道院解散之前做的考察);至于档案文献,虽然英国政府已在伦敦塔设立了管理官方档案的机构,但是长期疏于管理。柯顿意识到这些抄本和文献对于博学好古研究,尤其是关于英国法律渊源的研究非常重要,就想方设法四处搜集、购买这些材料,并以有效的分类和管理,使位于伦敦议会大厦北部的柯顿府邸成为17世纪初英国博学好古研究的圣地。

柯顿图书馆收藏的史料种类较为丰富,除了来自修道院散出的图书和抄本以外,还藏有古代钱币和纪念章。柯顿在1631年去世以后,此图书馆收归查理一世所有,但在动荡结束后,图书馆的资料搜集工作并没有停止,其中有关中世纪的文献越来越多,例如英国中世纪著名史诗

---

[1] F. J. Levy, *Tudor Historical Thought*, Toronto: University of Toronto Press, 2004, pp. 124-166.
[2] Linda Van Norden, "Peiresc and the English Scholars", Ph. D Thesis (University of California, Los Angeles), 1946, p. 370.

《贝奥武夫》(*Beowulf*) 的抄本最早就是由柯顿图书馆保存下来的。总的来说，柯顿图书馆中数量最多的是抄本和同时代学者的未出版手稿。①

柯顿在图书馆设立之初就向博学好古研究者的圈子表示，他的收藏向所有有志于研究英国古史的人开放。这种慷慨的态度不仅促进了博学好古研究，而且极大地提高了柯顿图书馆的声誉，以至于17世纪之后，图书馆收集的很多抄本与手稿或者是由乡绅赠送的，或者是由学者去世前指名遗赠的。同为博学好古研究者的威廉·兰巴德（William Lambarde）、约翰·塞尔登、乔治·卡鲁（George Carew）、詹姆斯·威尔（James Ware）和威廉·李瑟尔（William Lisle）都把自己的材料放到柯顿图书馆分享给所有学者。又如詹姆斯·厄谢尔（James Ussher）赠送了珍贵的叙利亚抄本《撒玛利亚摩西五经》(*Samaritan Pentateuch*)，现代学者认为这份抄本是最早的摩西五经抄本之一。②

柯顿图书馆没有能够逃离17世纪英国的政治斗争。由于柯顿图书馆的开放性，导致查理一世国王害怕议会派能够从这个图书馆中取得不利于他的材料。这是王室收归柯顿图书馆的真实原因。查理一世设立了以白金汉公爵为首的审查委员会企图将威胁国王专制的史料销毁。但国王在内战中的失利导致这一审查计划无法实施，后来查理二世复辟后就将这些图书原封不动地归还给了柯顿的法定继承人。现在，柯顿图书馆已经成为伦敦不列颠图书馆的一部分。

（三）学术网络

17世纪的英国博学好古研究者不仅在国内建立了互相交流、互相帮助的学术团体，而且，通过法国学者佩雷斯克（Nicolas - C. Fabri de Peiresc）为媒介，构建了一个连接欧洲大陆的学术网络。

佩雷斯克是活跃于17世纪上半叶的法国博学好古研究者，他自己主要做的是涉及整个地中海世界的地理学研究，而且拥有大量土地，还在政府中担任重要职务。他喜好交际，对待外国学者也非常热情。从

---

① Graham Parry, *The Trophies of Time: English Antiquarians of the Seventeenth Century*, Oxford, New York: Oxford University Press, 1995, pp. 77 - 78.

② Ibid., pp. 78 - 79.

1606年开始,他就开始与英国数位博学好古研究者频繁通信,这些学者包括卡姆登、柯顿、塞尔登和斯倍尔曼。[1]

佩雷斯克与英国学者通信主要是希望获得相关研究的材料。与英国大部分博学好古研究者的有限地域视野不同,欧洲大陆的研究者常常以整个欧洲为自己的研究对象。除了佩雷斯克对地中海世界地理的研究以外,像比利时的地理学者亚伯拉罕·奥特利乌斯(Abraham Ortelius)也希望撰写一部囊括全欧地理的巨著。[2] 这类学者通过书信的方式向各地博学好古研究者索取原始材料和最新出版的研究成果。虽然这说明英国的学术地位在17世纪初尚处在边缘位置,但是正是通过这种交流,英国博学好古研究者的眼光将慢慢延伸到不列颠群岛之外。佩雷斯克还通过这种方式把英国学者介绍给欧洲学术圈的其他人。[3]这样看来,18世纪的爱德华·吉本能够以罗马帝国为研究对象写出旷世之作的条件之一,就在于英国学者在上述学术交流的过程中与欧洲大陆融为一体,并吸收了欧洲大陆最优秀的研究成果和方法。

而从英国的博学好古研究者看来,他们在回答佩雷斯克的问题和回应他索取材料的请求时,体现了一种团体意识,也就是说,他们开始意识到自己作为英国学者圈一分子的责任感。[4]这种责任感一方面是作为"英国人"的荣誉感,感到有责任向大陆学者介绍英国灿烂的过去;另一方面则是保证"英国的学术"的高水平和准确性的责任感。所以,学术网络不仅对整个欧洲的思想进步有明显的作用,而且加强了英国博学好古研究者的民族意识和对自身研究负责的态度,英国的博学好古研究水平因而进一步提高,成为可以与法国的法学家、玻兰达斯派的僧侣相提并论的学术研究。

---

[1] Linda Van Norden, "Peiresc and the English Scholars", Ph. D Thesis (University of California, Los Angeles), 1946, pp. 372 – 276.

[2] 参见 Peter Burke, *The European Renaissance: Centres and Peripheries*, Oxford: Blackwell Publishing, 1998, p. 154. 伯克指出,奥特利乌斯也与多国学者保持通信联系。下文在涉及英国的古史研究问题时,还将进一步讨论奥氏的作用。

[3] Linda Van Norden, "Peiresc and the English Scholars", Ph. D Thesis (University of California, Los Angeles), 1946, p. 378.

[4] Ibid., p. 388.

本章小结

博学好古研究的演变可以分为如下几个阶段：

创建传统阶段。古希腊人的博学好古研究最早开始于希庇阿斯等学者对奥林匹克赛会优胜者的记录。希罗多德则继承了"史话家"（logographer）的方法，通过自己的实地考察，以《历史》一书创建了博学好古的撰史传统。同时，修昔底德建立了另一种只关注当代政治军事事件的撰史传统，并把自己放在希罗多德的对立面上。从此民族史书写史上就形成了两大撰史传统。

树立范式阶段。15世纪之后人文主义者所复兴的博学好古研究的范式，首先包括希腊化时代的传记体和阿提卡地方志作品。其次则是古罗马时期，以瓦罗《古事记》为首的、保存较完整的博学好古研究著作。但在这一阶段，博学好古研究的连续性不明显。

复兴与扩散阶段。文艺复兴时期，比昂多以实物研究和地理研究为基础写成了关于罗马和整个意大利地区的博学好古著作，复兴了古希腊罗马的研究范式。比昂多之后，欧洲各地的博学好古著作数量开始增加，这说明这一传统开始扩散，在各地形成了不同特征。其中，意大利学者以罗马时代的遗存和修道院的手稿为研究对象，法国以中世纪的法律和罗马法为研究对象，英国则是以实地考察为基础，以地形地貌、罗马军事废墟、神秘石制遗迹和封建制度为研究对象。

英国博学好古研究的演变则可分为：约翰·利兰的开创方法阶段，马太·帕克的资料积累阶段，威廉·卡姆登的建立研究范式阶段。到内战之前，英国博学好古研究已经有了自己的学术团体、藏书机构和与大陆学界的频繁通信往来。亨利·斯倍尔曼、约翰·塞尔登等人的专题性研究是在卡姆登的范式下进行的，他们的研究还体现了同时代政治和宗教方面的意识形态斗争。

第三章

博学好古研究与古史研究

本章所说的"古史",指的是文献记载较少的历史时期,就英国而言,主要指的是罗马征服之前的历史时期和罗马统治不列颠岛的历史时期。文艺复兴时期,基督教史观严重限制了学者对古史的认识,因而史前史未能在定年上突破。新发现的美洲印第安人成为英国学者想象自己祖先的模板,但是他们对巨石阵之类的地面遗迹的研究仍然步履维艰。对于文献记载稍多一些的罗马征服时期,英国学者却因为民族主义情绪而表达出复杂的感情。在这样的背景下,博学好古研究者对古史的研究无法完全摆脱《圣经》和传说的影响。

第一节 罗马征服之前的历史

一 传说与基督教经典文本

在中世纪的西方学者头脑中,不存在史前史的观念。在物质证据被视为史料之前,中世纪学者相信,人类最初的情况只能到《圣经》中寻找。尽管如此,分布在欧洲各地的坟墓与巨石遗迹仍然吸引了人们的目光,因为这些遗迹明显具有非基督教的特征,但是,对它们的解释还是以《圣经》为准。在修道院僧侣编年史中,僧侣作者并不忌讳谈到非基督教的传说故事,也常常提到在神秘的非基督教遗迹中可能藏有财宝或妖孽。于是,中世纪对这些遗迹的"考察"实际上就与挖掘宝物有很大关系。

中世纪学者以《圣经》为原则的历史观,不仅阻碍了人们对史前史的认识,而且也影响了近代早期学者看待过去的视角。现代学者崔格尔把这种影响归纳为以下几点：第一，世界的全部时间并不长，不会超过一万年，例如天主教的克里门特八世（Clement Ⅷ）教皇将创世时间定在公元前5199年，犹太教的权威学者则将创世时间定在公元前3700年，本书在第五章中会详细论述的詹姆斯·厄谢尔则把创世时间定在公元前4004年。这种"精确的"定位客观上推动了年代学的进步。第二，既然总时间在一万年以下，基督教学者就认为，世界的末日随时可能来临，所以创世者上帝没有考虑过人类将在"未来"进步到何种程度，因而世界历史从远古到现在处于退化过程，古老的"黄金时代"是一去不复返的。第三，人类历史在地理上的起点位于近东地区某处的"伊甸园"。亚当夏娃被逐出伊甸园、用方舟躲避洪水以及修建巴别塔失败是人类在形成当代语言文字系统之前的三次大迁徙。① 第四，世界历史是许多独立事件在上帝预先安排下的系列，所有的历史事件都体现了上帝的意志，也体现了时间的有限性。② 以上历史观中，有关人类的迁徙是意大利以外欧洲国家的博学好古研究者和历史家十分重视的问题，因为这与各自民族的独立性、历史的悠久性、与其他民族（尤其是古希腊人和古罗马人）的平等性有很大的关系。《圣经·旧约》的《创世记》一章（第9—11节）中，有一段关于挪亚（Noah）后代的谱系记录，③ 这段话是这样开头的：

  从方舟下来的挪亚儿子是：闪、含、雅弗。挪亚这三个儿子，全世界都是他们的传人。……洪水之后，挪亚又延年三百五十，直到九百五十岁高寿，才告别人世。……闪、含、雅弗各有子裔（三分天下：雅弗子孙居北方，含的子孙住南方及迦南，闪的子孙得中部和东方）。

根据现代学者的研究，以上谱系只是古代以色列人的世界观，虽然

---

① 在基督教故事之外，特洛伊城被毁后特洛伊人迁徙欧洲各地的传说似乎可以视为第四次大迁徙。详见本章第三节。
② [加] 布鲁斯·G. 格尔：《考古学思想史》，徐坚译，岳麓书社2008年版，第22—58页。
③ 转引自冯象《创世纪：传说与译注》，江苏人民出版社2004年版，第239—241页。虽然《创世记》中关于谱系的记录很多，但是有关挪亚的谱系影响最大。

说很多名字与后来的地名相近,但是在没有物质史料的情况下,中世纪晚期和文艺复兴时期的部分学者也能用纯粹的语源推测来研究《圣经》,并得出欧洲所有民族均平等地起源于挪亚的结论。这种推测性研究以 15 世纪后期的学者维特堡的埃尼戊斯(Annius of Viterbo)所著《埃尼戊斯古代史》(Antiquitatum Variarum)最为流行。[①]

在英国,因为罗马人到达不列颠之前的历史没有文字记载,所以一般被称为英国史前史。文艺复兴时期的传统历史家在涉及这段历史时,总是直接套用中世纪权威编年史的说法。[②]对这段历史的理智研究,是博学好古研究者的领域,因为博学好古研究者所使用的材料不限于文字,这让他们可以通过物质遗存来推测古史。可见,文艺复兴时期英国的古史研究与传统历史家关系不大。

大约从 16 世纪 80 年代开始,英国受教育阶层的日常书信中已经体现出对本土远古传说的怀疑。最先受到怀疑的英国古代传说是:不列颠岛最早的土著居民是一群巨人。这种说法来自古罗马时期以老普林尼为代表的学者,他们提到,不列颠过去的名字叫作阿尔比翁(Albion);阿尔比翁有"白色"的意思,可能指的是今天多佛地区的白色悬崖;就在这座白色的岛上,居住着一群野蛮的巨人。巨人之后不列颠的居民被称为布列吞人(Britons)。[③] 对这一传说持怀疑态度的也包括编年史家。例如威廉·哈里森(William Harrison)在编纂何林设德(Raphael Holinshed)的《编年史》(Chronicles)时,一方面承认拥有超常身高的人类存在的可能性,但另一方面却认为巨人族的传说"并非全部可信"。爱德蒙·斯宾塞(Edmund Spenser)的文学作品中谈及古代爱尔兰的土坟和石制地表纪念碑,认为它们是基督教到达英国以前的一种墓葬习俗。[④]卡姆登在《大不列颠志》中提到不列颠岛上的古

---

① [美]唐纳德·R. 凯利:《多面的历史:从希罗多德到赫尔德的历史》,陈恒、宋立宏译,生活·读书·新知三联书店 2003 年版,第 377—379 页。
② Rosemary Sweet, *Antiquaries: The Discovery of the Past in Eighteenth - Century Britain*, London: Hambledon and London, 2004, p. 119.
③ "Britons"这个词与不列颠的拉丁语名称"Britanniae"有联系,也可译为"不列颠人",但为了区别于今天的英国人,本书中把"Britons"译为"布列吞人"。
④ Daniel R. Woolf, "Senses of the Past in Tudor Britain", *A Companion to Tudor Britain*, edited by Robert Tittler and Norman Jones, Oxford: Blackwell Publishing, 2004, pp. 407 – 429.

代居民是布列吞人和盎格鲁-撒克逊人，不论是巨人还是特洛伊人都没有进入他的视野。到盎格鲁-撒克逊研究深入到一定程度之后，史前史反而因为证据不足淡出了博学好古研究的范畴，这是一个值得注意的学术现象。

带有语源学性质的纯粹文献研究，在基督教历史观的笼罩下，也制约了史前史研究的发展。文艺复兴时期的博学好古研究者想当然地认为，古希腊时代之前，人类中最重要的语言应该是基督教发源地居民使用的希伯来语。[1]于是希伯来语成了最古老的语言，似乎所有的希伯来文献都能够被视为绝对可靠的证据，其可信度接近于《圣经》经文。当时的学者甚至不敢承认或者无法想象已经灭绝的物种化石的年代早于人类，因为世界的历史仅有几千年。17世纪的英国科学家约翰·雷、爱德华·路易德（Edward Lhwyd）和罗伯特·胡克（Robert Hooke）都认为，这些化石只是有某种特殊形状的石头，它们的形状因为很像某种动植物，所以能够迷惑普通人。这些科学家还把研究这类奇怪石头的任务归属到矿石研究的领域。[2]这种情况到19世纪初依然没有改善，在1802年，丹麦博学好古研究者拉斯姆斯·尼勒普曾说："史前的古物包裹在重重的迷雾之中，它们属于我们无法衡量的时代和空间，我们知道它们早于基督，但是究竟早多少，我们一无所知。"[3]

二 古代布列吞人

由于近代早期欧洲国家的海外扩张，欧洲人的视野得到了前所未有的开阔，美洲土著居民印第安人的相貌、举止和生活方式，因为与欧洲人区别非常大，所以欧洲的博学好古研究者在一开始就把古典时期权威历史家记载的古代居民联系在了一起。[4]被称为"布列吞人"的古代部

---

[1] Stuart Piggott, *Ruins in a Landscape: Essays in Antiquarianism*, Edinburgh: Edinburgh University Press, 1976, pp.1–24.

[2] Ibid., pp.101–132.

[3] 转引自陈淳《当代考古学》，上海社会科学院出版社2004年版，第15—16页。

[4] [英]保罗·巴恩：《剑桥插图考古史》，郭小凌、王晓秦译，山东画报出版社2000年版，第27页。

落，据说是罗马人征服之前的英国原住民。由于文艺复兴时期的博学好古研究者无法在不断被再发现的古典文献中找到有关巨人部落的证据，那么他们就把普遍在古典文献中出现过的英国原住民"布列吞人"当作确实存在过的人物。例如凯撒（Julius Caesar）的《高卢战记》（Gallic Wars）就曾详尽地描述过这些不列颠岛原住民的外貌、社会和宗教信仰。

美洲印第安人文明水平在近代早期落后于欧洲文明，所以当欧洲人发现美洲原住民时，很自然地就会把自己比作征服蛮族部落的罗马人，而把印第安人比作蛮族部落。但当英国学界抵制罗马的因素开始出现时，土著的布列吞人的优点就凸显了。如果说布列吞人是自己的真正祖先，那么他们就能够以同情和宽容的眼光看待印第安人了，从而把印第安人视为一种严肃的被研究对象，通过研究印第安人，就可以获知欧洲祖先的面貌。博学好古研究者使用了这种比较方法，而这种思路到后来也将发展为现代人类学。现代学界曾把文明社会看待"野蛮社会"的态度称为"原始主义"（primitive），如果态度是严肃理智的，那么这种原始主义就是"硬原始主义"；如果态度是浪漫化的，例如认为原始人具有现代人所不具备的优秀品质和朴素作风，那么就可称作"软原始主义"。16、17世纪之交博学好古研究者看待自己的祖先和印第安人的态度属于硬原始主义。[①]意大利的博学好古研究者迈克尔·莫凯迪（Michael Mercati），因为看到航海冒险家从美洲带回的印第安人的工具，所以就把欧洲田野中发现的石器认定为人类早期使用的工具。可以说，莫凯迪的研究结合了遗物本身、古典文献资料和人类学。[②]这一点难能可贵，因为当时大部分学者不相信石器这种具有古怪形状的石头是早期人类的足迹。很少有学者相信人类历史极长，以至于物种、人类工具甚至人类自身都发生了很大变化。

从长远的学术史演变的趋势看，莫凯迪那种结合物质材料、文献资料和人类学的研究方法，逐渐被英国博学好古研究者吸收。英国博学好

[①] 当人们对原始社会的了解越来越深以后（18世纪），就会从文学的角度赞美"已逝去的"美好生活，并用"高贵的""黄金时代"来形容之，这就成了软原始主义。

[②] 杨建华：《外国考古学史》，吉林大学出版社1999年版，第5页。

古研究者因而在 16、17 世纪开始对布列吞人产生了一些新看法。普利茅斯的冒险家威廉·霍金斯于 1532 年把一位巴西酋长带回了伦敦,[①] 伦敦的艺术家为这名"巴西国王"制作了很多以绘画和雕塑形式呈现的肖像。当时的英国画家约翰·怀特（John White）亲自到北美弗吉尼亚绘制了那里印第安人的肖像,后来他还绘制了布列吞人的肖像,两种肖像非常相似（见图 3-1、图 3-2）。荷兰画家鲁卡斯·德·希尔

左图 John White：涂油彩的印第安人　右图 John White：巴西印第安人

图 3-1　约翰·怀特绘制的印第安人肖像

（图片来源：www.1st-art-gallery.com）

---

① Stuart Piggott, *Ruins in a Landscape: Essays in Antiquarianism*, Edinburgh: Edinburgh University Press, 1976, pp. 25-32.

左图 John White：古代"不列颠人"　　右图 John White：持盾的"皮克特人"

图 3-2　约翰·怀特绘制的英国远古居民肖像

（图片来源：www.1st-art-gallery.com）

（Lucas de Heere）在同一时期也把布列吞人描绘成印第安人的样子。这在视觉上可以证明英国学者对自己祖先的想象。到 17 世纪晚期，英国的博学好古研究者约翰·奥伯雷（John Aubrey）还认为，威尔特郡的古代布列吞人的"野蛮程度"只比美洲人"高出两到三个级别"。[1]博学好古研究者萨缪尔·丹尼尔（Samuel Daniel）在部落组织和军事行动方面，将印第安人与不列颠岛原住民进行了比较研究。威廉·达格代尔和罗伯特·普洛特（Robert Plot）则比较了印第安人的工具和在英国发现

---

[1]　Stuart Piggott, *Ruins in a Landscape: Essays in Antiquarianism*, Edinburgh: Edinburgh University Press, 1976, pp. 1-24；又参见［英］保罗·巴恩《剑桥插图考古史》，郭小凌、王晓秦译，山东画报出版社 2000 年版，第 44 页。

的石箭头与石斧。①

可见，博学好古研究学术史也体现了"地理大发现"对于西方思想文化的意义与影响。"地理大发现"使人们视野开阔，使知识结构发生变化，史前史研究因而陆续经历了"传说""完全不可信""比较研究"以及现代的考古学和人类学几个阶段。博学好古研究属于其中的比较研究阶段。

三 巨石阵与石圈

巨石阵（Stonehenge）② 与石圈（stone circle）是英国地区最为显著的地表遗迹，它们自古以来就受到了学者的关注，因而也形成了不同的解释。巨石阵实际上是完整且规模巨大的石圈，它位于英国威尔特郡索尔兹伯里以北十三公里处。英国还有许多规模较小的石圈，即由许多单个石柱在一定范围内组成圆形或椭圆形的圈环。现代研究认为，巨石阵与石圈属于考古学上的新石器时代和青铜时代，其功能则说法不一。有些遗迹的下层是古代的坟墓，有些则没有坟墓，但因为与天文学数据有巧合，所以被认为具备观测天象、确定农时的功能。③

巨石阵与石圈不见于古典作家的记载，于是在16、17世纪的英国学者看来属于博学好古研究的史前史范畴，它们的时代至少早于罗马征服不列颠岛之前（现代考古学证明这种推测得来的结论是正确的）。但是在文艺复兴时期的博学好古研究者对巨石阵和石圈进行解释之前，巨石阵和石圈充满了中世纪编年史的传说与神话。

在12世纪，亨廷顿的亨利在自己的编年史中首次提到了巨石阵，他说："奇特的巨石是依照门道的形式竖立起来的，没有人能想到如此巨大的石块是如何架到高处的，也无人能想到它们为什么要建在那

---

① Stuart Piggott, *Ruins in a Landscape: Essays in Antiquarianism*, Edinburgh: Edinburgh University Press, 1976, pp. 55 – 76.

② "巨石阵"（Stonehenge）一词由"stone"与"henge"组成，其中"henge"在中世纪英语中的意思是"hinge"（链接）或"hang"（悬挂），这描述了巨石阵的形态特征，因而也有中国学者将"Stonehenge"译为"悬石"的，但这种译法不能说明许多石头组成的阵列，所以本书采用"巨石阵"的译法。

③ ［英］保罗·巴恩：《考古学的过去与未来》，覃方明译，译林出版社2008年版，第52页。

里。"①同为 12 世纪的蒙茅斯的杰佛里则在《不列颠诸王史》中对巨石阵进行了解释，但这种解释完全是以传说为基础的，而且弄错了时代，把巨石阵的年代定在罗马征服时代之后的撒克逊人迁徙时期。杰佛里认为，组成巨石阵的巨石是由亚瑟王手下的巫师墨林（Merlin）施魔法从爱尔兰南部的一座山上搬至索尔兹伯里平原上的，它们用于纪念遭到撒克逊人残杀的亚瑟王之父尤瑟。14 世纪初的《论不列颠奇迹》（*Tractatus de mirabilibus Britanniae*）提到了巨石阵和位于罗尔莱特的石圈，该书作者没有对它们做出解释，而是表达了一种惊奇，认为这些是令人无法理解的"奇迹"，②而他的这本书正是列举不列颠的所有"奇迹"（mirabilibus）的。

16、17 世纪的博学好古研究者开始批判性地处理英国古史问题，关于巨石阵和石圈的中世纪传说性解释也开始淡出学术圈。当时的建筑家伊尼哥·琼斯（Inigo Jones）亲自查勘了巨石阵，绘制出具有建筑学水准的图稿，他在图稿旁的笔记中提到，巨石阵的结构应该是经过精心设计的，而这种设计水平的高度似乎是罗马人之前的英国土著居民所达不到的。琼斯的推测是，巨石阵是罗马人的杰作。他依照自己的想象，绘出了巨石阵的复原平面图（见图 3-3）。现代学者认为，琼斯复原研究的问题在于，他依据的原则并非观察记录，而是罗马建筑家维特鲁威的建筑法则。③ 卡姆登最初对巨石阵并不熟悉，他在第一版中提到这个遗迹是借用的拉丁词汇 "insana substructio"（疯狂的地面建筑）。④ 但是卡姆登的经验主义要优于琼斯，他把巨石阵描述为一个王冠形中的三个同心圆，并且在 1600 年之后出版的《大不列颠志》中增加了一幅雕版画，忠于事实地说明了巨石阵的现状，即巨大的石块东倒西歪的景象（见图 3-4）。

---

① 转引自［英］保罗·巴恩：《剑桥插图考古史》，郭小凌、王晓秦译，山东画报出版社 2000 年版，第 48 页。

② Stuart Piggott, *Ruins in a Landscape: Essays in Antiquarianism*, Edinburgh: Edinburgh University Press, 1976, pp. 1-24.

③ ［英］保罗·巴恩：《剑桥插图考古史》，郭小凌、王晓秦译，山东画报出版社 2000 年版，第 48 页。

④ Graham Parry, *The Trophies of Time: English Antiquarians of the Seventeenth Century*, Oxford, New York: Oxford University Press, 1995, pp. 41-42.

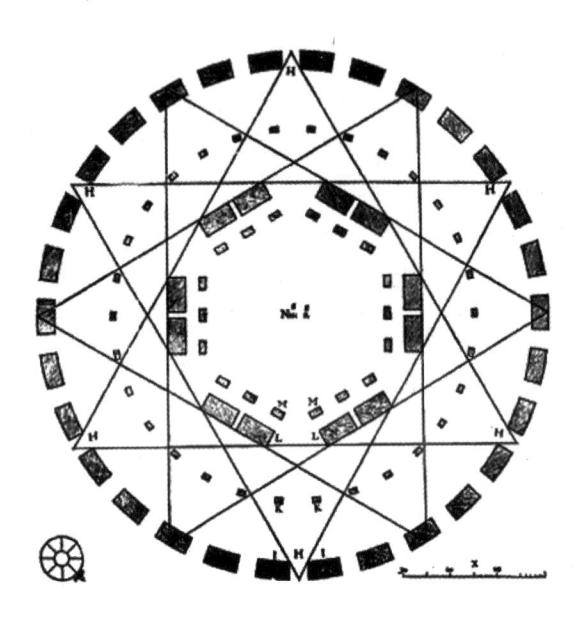

图 3-3　伊尼哥·琼斯的巨石阵复原

(图片来源：www.nexusjournal.com)

英国博学好古研究者对于古典时代的著作关于布列吞人宗教情况的记述非常感兴趣，最后他们把布列吞人与巨石阵联系在了一起，从而相信罗马征服之前的土著居民也有高超的建筑技术。根据凯撒的《高卢战记》和塔西佗的《阿古利可拉传》，在罗马征服不列颠岛以前，布列吞人是由名为"德鲁依"的祭司阶层所领导的。德鲁依教徒支持布列吞人反抗罗马侵略者。

博学好古研究者则对德鲁依问题进行了更深入的探讨。约翰·利兰和约翰·贝尔曾说，德鲁依教徒在罗马军事侵略之后的继承者是威尔士吟游诗人，这是因为德鲁依教的圣地位于威尔士以西的安格尔西岛，而且，威尔士吟游诗人也拥有一部分统治社会的权力，且在社会运作中扮演预言者的角色。约翰·塞尔登在《英格兰的雅努斯神的另一张面孔》（*Jani Anglorum Facies Altera*，1610 年）一书中，指出德鲁依教是英国法律的渊源之一。塞尔登使用凯撒的描述，将德鲁依教徒描写成法律、宗教和道德的护卫者。德鲁依教徒有一个地方固定会面，以制定、解释和维持所有的法律。虽然他们的法律没有成文，但属于代代相传的

第三章 博学好古研究与古史研究　　87

图 3-4　《大不列颠志》关于巨石阵的插图（作者不详）

（图片来源：William Camden, *Britannia*, Vol. 1, p. 252.）

图中文字汉译：A. 叫作"corsesones"的石块，重 12 吨，高 24 英尺，宽 7 英尺，周长 16 英尺。

B. 叫作"cronetts"的石块，重 6 吨或 7 吨。

C. 在此处出土人骨。

习惯法。①1654年，M. Z. 博克斯霍恩（M. Z. Boxhorn）认为威尔士谚语中含有德鲁依教的智慧。②17世纪后半叶，约翰·奥伯雷重新绘制了巨石阵的平面图，首次将德鲁依与巨石阵联系在一起，认为巨石阵是德鲁依教的神殿或祭祀场所。③奥伯雷的贡献在于，他认识到了巨石阵属于罗马征服之前，而之前提到的琼斯则不相信能够与罗马相媲美的英国土著文明。这也说明了英国博学好古研究者各自对罗马文明的态度有很大分歧。

现代的考古研究对巨石阵与石圈做出了新的解释。现代考古学认为，巨石阵与石圈可分为多个考古时期。它们最早是新石器时代供多人定期集会的场所，称作"围场"（enclosure），它的特征包括：一是有同心沟渠；二是构成巨大的环形。围场的工程量是巨大的，因为在某些围场中出土了不属于该地的石斧等工具，所以围场体现了统治者庞大的组织能力，集中了各地的劳动力。后来，围场演变成了现在的巨石阵或石圈。因为切割、搬运与吊装石块需要更多的劳动力和更高水平的技术工具，所以它们说明了社会组织的变化。巨石阵与石圈周围的圆形坟墓年代较晚，其中出土了丰富的陪葬品，这表明社会的财富已经开始集中，国家机器开始成形。④

第二节 罗马征服时期的历史

一 学术背景

英国博学好古研究者对罗马军事征服的感情非常复杂，因为罗马征服既给不列颠岛带来了前所未有的高级文明，又带来了奢侈颓废的生活方式，后者对布列吞人原住民的精神是一种腐蚀。在两种感情的斗争中，英国博学好古研究者逐渐学会客观地看待罗马征服时期的英国历史。

---

① Graham Parry, *The Trophies of Time: English Antiquarians of the Seventeenth Century*, Oxford, New York: Oxford University Press, 1995, pp. 102 – 103.
② ［英］休·特雷弗－罗珀：《传统的发明：苏格兰的高地传统》，载［英］霍布斯鲍姆编《传统的发明》，顾杭、庞冠群译，译林出版社2004年版，第81—84页。
③ ［英］保罗·巴恩：《剑桥插图考古史》，郭小凌、王晓秦译，山东画报出版社2000年版，第48页。
④ ［英］保罗·巴恩：《考古学的过去与未来》，覃方明译，译林出版社2008年版，第63—64页。

文艺复兴时期意大利以外的欧洲学者关于古史的书写与研究，特别关注中世纪自己的祖先（蛮族部落）的特殊经历和命运，他们对这些蛮族部落有一种认同感。但是这种认同感一半是传说性质的，一半是历史性质的。由于蛮族部落或者抵抗过罗马人的入侵，或者战胜过腐朽不堪的西罗马帝国，所以在某种程度上，意大利人文主义者对罗马文明的肯定与称赞态度被削弱或被抵消了。他们承认，罗马文明的确给自己祖先的历史带来了很大影响，但是祖先们在接受高级文明的同时，丧失了自由和独立。① 对于抵抗罗马入侵的那些原住民而言，他们的坚强、勇气和美德，映衬出了罗马人的颓废与腐化。

因此，一方面，博学好古研究者无法完全忽略罗马文明的遗产；另一方面，如何解释这些遗产是一个需要仔细考虑的问题。罗马征服确实使不列颠岛的原始文明成长了。例如罗马军事营地在得到道路网相连之后，在营地的周围就发展出了类似城镇的居民点，而在这些罗马时代的城镇中，像神庙、柱廊、浴室这样的罗马公民生活的配套设施逐渐完善了起来；英国以外的宽容的艺术风格也进入了不列颠岛。② 但是只有少数人坚持认为罗马文明代表了人类历史上一去不复返的顶峰，当代人只有向往这种文明的资格。③ 这种历史观就是基督教历史观中衰退说的典型。大部分博学好古研究者在解释罗马时代的遗存时，不单纯依靠古罗马作者的文本，而加上了自己的初步实际观察，通过比较古典文本与实物遗存来解释古史。这种做法导致了另一种转向，即向罗马征服之前的历史的转向，这一点我们在上一节已经谈到。

然而，对罗马征服时期的历史的批判性研究，并非从一开始就是英国学者的固有方法。中世纪的编年史作者和文艺复兴前期的学者文人对罗马征服基本上都表示欢迎乃至赞赏。6世纪的编年史作者季尔达斯

---

① Rosemary Sweet, *Antiquaries: The Discovery of the Past in Eighteenth - Century Britain*, London: Hambledon and London, 2004, pp. 121 - 122.

② Graham Parry, *The Trophies of Time: English Antiquarians of the Seventeenth Century*, Oxford, New York: Oxford University Press, 1995, pp. 33 - 34.

③ Rosemary Sweet, *Antiquaries: The Discovery of the Past in Eighteenth - Century Britain*, London: Hambledon and London, 2004, p. 156.

(Gildas)的《不列颠的废墟》(Ruin of Britain)[①]中,间接地表达了对罗马文明的褒扬。此著对罗马占领不列颠之前土著的那个"懒惰民族"的困境感到悲哀,它们的德鲁依教、"迫害"、僭主、政治分裂和自然灾害无一不是罗马文明需要取代的东西。他对被征服的不列颠的最明显态度就是"怒其不争";罗马统治下的布列吞人"在排斥外国敌人方面是无力的,但在发动内战方面却是大胆和无敌的"。[②]另外,由于关于罗马征服时期历史的文字材料在古史研究领域中是最丰富的,所以,尽管到了文艺复兴时期,在博学好古研究者介入这一领域之前,学者和文人们还常常用古典文本来怀念罗马的荣耀。在这类文字中,学者和文人基本上无视罗马之外的不列颠原住民的存在,似乎罗马统治下的不列颠与罗马帝国中心意大利没有什么差别。也就是说,英国学者如果没有实物研究的知识,他们眼中的不列颠与意大利在古典时代是同质化的。

本书在第一章已经提到,16世纪下半叶的英国民族史书写吸收了人文主义因素,这影响了历史作者看待罗马征服时代与前罗马时代不列颠的立场。约翰·斯皮德在其著作中认为,蒙茅斯的杰佛里在《不列颠诸王史》中所说的"不列颠诸王"只是罗马人阴影下一系列并不重要的小统治者,所以他们不再适宜成为道德训诫的榜样。于是他就用罗马皇帝作为英国历史分期的标志。[③]由于关于罗马征服之前的博学好古研究尚未取得很大突破,像德鲁依这样的宗教被认为是想象的产物,因此在传统的编年史和叙事史中,关于前罗马的历史越来越简短。"不列颠诸王"沦为文学家的主题。也就是说,对于古典文献所无法证明的传说,都受到了怀疑与抛弃。吸收人文主义因素的民族史书写尽可能以古典文献为材料来源。尽管如此,《不列颠诸王史》仍然被排在史料中的第二档次,也就是说,古典文献所没有说到的地方,他们还是会参考蒙茅斯的杰佛里进行补白。

---

① 1525年由波利多尔·维吉尔整理出版。
② 转引自[美]唐纳德·R.凯利《多面的历史:从希罗多德到赫尔德的历史》,陈恒、宋立宏译,生活·读书·新知三联书店2003年版,第206—210页。
③ F. J. Levy, Tudor Historical Thought, Toronto: University of Toronto Press, 2004, pp. 167 - 201.

二 具体的博学好古研究

比利时地理学家亚伯拉罕·奥特利乌斯（Abraham Ortelius）是引导英国博学好古者对罗马征服时期的英国史进行严肃研究的带路人。奥特利乌斯本人对罗马时期的欧洲地理非常感兴趣，他在自己的研究计划《地理大全》（*Synomyma geographica*）中，希望覆盖全欧洲每一块地区的空白。他像佩雷斯克那样给欧洲各地的学者写信，索取材料或者对各地地理情况的描述文字。①奥特利乌斯本人倾向于寻找博学好古研究者来与他合作，因为他对英国的传统编年史作品抱有怀疑态度。于是被奥特利乌斯邀请加入上述欧洲地理学计划的英国人，首先是威尔士的人汉弗利·路易德（Humphrey Lhuyd），因为汉弗利·路易德是一位研究威尔士语（当时人们认为它与布列吞人的语言很相近）的专家。奥特利乌斯认为汉弗利·路易德也许能够帮助自己找出罗马不列颠行省地名与当代英国地名之间的对应关系。但这次邀请失败了。于是他又邀请了丹尼尔·罗杰斯（Daniel Rogers），后者是一位精通古代拉丁语的英国诗人。据现代学者的研究，罗杰斯开始了一些工作，但是成效并不明显。②

在这种情况下，奥特利乌斯于 1577 年亲自到伦敦，在占星家约翰·迪（John Dee）的介绍下认识了还没有明确的书写计划的威廉·卡姆登。他请卡姆登把自己的笔记用拉丁语写成著作出版，向欧洲大陆的学者展示不列颠的历史与地理。③卡姆登实际上也已经开始计划像约翰·利兰那样游历整个不列颠岛，因此他与奥特利乌斯的请求不谋而合。可以说，《大不列颠志》最初在某种程度上是奥特利乌斯学术启发的结果。在奥氏看来，卡姆登的这部著作就是对罗马征服时期不列颠的一个严肃调查，更具体地说是对罗马时期不列颠地名的调查。当然，最终在 1586 年面世的著作已经超越了奥特利乌斯的想法，此著在 1590 年

---

① F. J. Levy, *Tudor Historical Thought*, Toronto: University of Toronto Press, 2004, pp. 124 – 166.
② Ibid..
③ Graham Parry, *The Trophies of Time: English Antiquarians of the Seventeenth Century*, Oxford, New York: Oxford University Press, 1995, pp. 22 – 23.

曾在法兰克福印刷了一个拉丁语版,[1] 这说明了卡姆登通过奥特利乌斯在欧洲获得了影响力。在奥氏地理学计划的范围内,卡姆登对古罗马时期的《安东尼旅记》进行了实地考证,辨认罗马地名与当代地名之间的关系;卡姆登还辨识出罗马时代拉丁语铭文中的家族名。[2] 所以在一定程度上,奥特利乌斯使英国博学好古研究向地理考察完全转向,而由于奥氏本人作为一名地理学家非常重视像地名这样的细节,因此与其说整个17世纪的学者是在追随利兰和卡姆登,不如说是在逐渐完美地实现奥特利乌斯著作在不列颠的那一部分。这一点恐怕连奥氏自己也没有预料到。

所以,《大不列颠志》首先要解决的是罗马时期不列颠的地名问题。卡姆登的第一个方法是,通过把实地调查而来的当代地形地貌与古典文本相互校对,推测出罗马时代道路网最有可能的位置。[3] 第二个方法是用语源知识来推测罗马拉丁名与当代地名之间的相似性与相关性,这种做法对于解读《安东尼旅记》帮助很大。正如他在1607年版的《大不列颠志》中说:

> 我最先建议自己的,是找出并标注出那些地方,那些凯撒、塔西佗、托勒密、奥勒留以及其他古代作家所记录的地方;找出已经改变了、失去了或者腐朽了的岁月中的名字。[4]

《大不列颠志》研究罗马时期英国历史方面最突出的特色就是实地考察。1600年,他与罗伯特·柯顿前往哈德良城墙考察。他们调查了堡垒、墓石、雕像、祭坛、铭文与钱币等古代遗存。这次考察使他们更深入地理解了罗马对于英格兰北部地区的军事征服史,而且他们发现,

---

[1] Graham Parry, *The Trophies of Time: English Antiquarians of the Seventeenth Century*, Oxford, New York: Oxford University Press, 1995, p. 25.

[2] Denys Hay, *Annalists and Historians: Western Historiography from the Eighth to the Eighteenth Centuries*, London: Methuen & Co Ltd., 1977, pp. 133 – 168.

[3] W. H. Herendeen, "William Camden: Historian, Herald, and Antiquary", *Studies in Philology*, Vol. 85, 1988, pp. 199 – 200.

[4] 转引自 Graham Parry, *The Trophies of Time: English Antiquarians of the Seventeenth Century*, Oxford, New York: Oxford University Press, 1995, p. 23.

钱币这种遗物不仅是一件艺术品，而且可以用来推测罗马人占领这一地区的大致年代以及历史上的定居与贸易情况。卡姆登初步勾画出了不列颠各民族在罗马时期的分布定居情况和交通状况，这为他之后的英国博学好古研究者提供了榜样。后来的博学好古研究者对于钱币的史学作用更为重视，他们曾根据非罗马人的钱币确定出"蛮族"部落的定居区域、部落图腾和部落首领的称呼。① 卡姆登的考察之所以有价值，是因为现代考古学精确测量结果基本符合《大不列颠志》的记载。现代考古学家巴恩就说，《大不列颠志》"第一次对不列颠早期的遗存做了全面描述，这种描述是建立在个人实地观察基础上的"。②

虽然说前期出版的《大不列颠志》主要关注的是与罗马军事征服有关的地理和定居情况，但是卡姆登的注意力逐渐从军事征服本身转向了征服带来的文化影响。在后期出版的《大不列颠志》中，卡姆登开始扩大自己参考的文献范围，不仅征引古典历史著作，而且从拉丁语文学作品中搜集有关英国古代历史的其他文字；卡姆登希望通过这种研究方法上的改进，更好地理解罗马征服时代不列颠的贸易、物产和不列颠居民在帝国中心地区的名誉和地位。他在《大不列颠志》的修订版中还增加了一篇题为"在不列颠的罗马人"（"The Romans in Britain"）的论文，这篇论文既勾勒了军事占领的情况，也描述了罗马高级文明给英国带来的在生活方面的益处。这两方面的内容在此著不断修订增改的过程中越来越达到一种互相平衡的状态。③

卡姆登的《大不列颠志》还研究了罗马人之外的不列颠民族情况，这些民族既包括原住民布列吞人，也包括从欧洲大陆等地迁徙而来的皮克特人，从而绘制了一幅罗马征服时代不列颠的完整画面。卡姆登指出，布列吞人不论是在罗马人征服之前还是之后，都有用油彩涂绘身体的习惯，所以他们的外貌与罗马人有明显差别。布列吞人的政权组织形

---

① 转引自 Graham Parry, *The Trophies of Time: English Antiquarians of the Seventeenth Century*, Oxford, New York: Oxford University Press, 1995, pp. 74–75。

② [英] 保罗·巴恩：《剑桥插图考古史》，郭小凌、王晓秦译，山东画报出版社2000年版，第40—41页。

③ Graham Parry, *The Trophies of Time: English Antiquarians of the Seventeenth Century*, Oxford, New York: Oxford University Press, 1995, p. 359。

式是多个国王的分别统治,但在紧急情况下,他们将召开全体国王会议来选举出暂时的军事统领。①关于皮克特人,卡姆登首先否认了中世纪权威作者比得在《英吉利教会史》(Historia ecclesiastica gentis Anglorum)中的说法,指出皮克特人并非起源于斯基泰人,而是与生活在不列颠北方的游牧部落有关,这是因为皮克特人独立于罗马法的管辖之外,维持着一个罗马无法完全控制的蛮族政权。卡姆登还提到,皮克特人保留了布列吞人用油彩涂绘身体的习惯(参见上文约翰·怀特绘制的形象;关于这种习俗的描述,结合了古典文本和对印第安人的观察),当布列吞人被罗马人同化不再涂油彩时,皮克特人仍然保持这个传统;而且不同的部落有不同的涂绘方式,而语源学可以证明不同的涂绘与不同的部落、家族名称有联系。②

在17世纪中叶以前,塞尔登在自己的制度史博学好古研究中也提到了罗马征服时期的情况。他指出,罗马征服必然造成古代布列吞人社会的中断,罗马人的统治把罗马法强加到不列颠行省。但是,当罗马军队放弃不列颠而参与本国的内乱时,罗马法的影响很快就消失了。塞尔登无法肯定布列吞人的制度是否在罗马人之后有所恢复。据此他认为,英国17世纪的法律和制度的起源最早只能追溯到盎格鲁-撒克逊时代。③这个观点在塞尔登的其他制度史著作中得到了更为详尽的论述。

可见,16—17世纪英国博学好古研究者对罗马征服时期历史的研究,主要体现在威廉·卡姆登的《大不列颠志》当中。其他的博学好古研究者则既不相信罗马征服之前的原住民文明有研究的价值,也因为民族主义的关系不愿过分地赞颂罗马的军事征服。造成这种古史研究无法打开很大局面的原因是,17世纪中叶之前英国学者对实物和地形资料的积累还没有达到可供系统研究的水平;18世纪的吉本写出《罗马帝国衰亡史》的条件也不纯粹是由英国本土的博学好古研究者所创造的。但值得注意的是,这一阶段的古史研究已经开始抛弃中世纪编年史

---

① Graham Parry, *The Trophies of Time*: *English Antiquarians of the Seventeenth Century*, Oxford, New York: Oxford University Press, 1995, pp. 30-31.
② Ibid., pp. 36-37.
③ Ibid., pp. 104-105.

流传下来的传说,《大不列颠志》的研究方法也开始得到尊重;欧洲大陆则通过卡姆登对英国这一阶段学术水平产生了初步认识,这为英国学术界与欧洲大陆建立学术网络奠定了有力基础。

第三节 民族起源研究与民族史

一 民族史书写的背景

欧洲民族历史研究和书写,起源于罗马帝国以外各"蛮族"学者所撰写的历史。这种历史,在现代学者的眼中,说明了"蛮族"的基督教化过程、王朝国家的建立过程以及民族语言、民族文化的形成过程。而17世纪之后欧洲博学好古研究者对本民族法律传统和远古历史的研究,文学家对本民族抒发感情的创作,以及部分历史作品中对民族起源神话性的强调,都是欧洲民族历史与研究逐渐成形的因素。[①]而且,由于意大利人文主义的长期影响,意大利以北地区的民族历史与研究不可避免地与古罗马的历史模式产生学术上的互动。

民族历史与研究中包含的民族主义,则是整个欧洲现代化过程的自然产物。[②]首先,欧洲资本主义经济的发展从意大利北部逐渐蔓延到西班牙、葡萄牙、荷兰和英国。资本主义经济通过海外贸易这一重要手段,使市民阶级积累了财富,从而开始与王权联合在一起,向天主教势力和封建贵族势力要求政治权益;反过来,王权则依靠重商主义,加强了世俗政权的力量,从而为民族国家的形成奠定了基础。到16世纪时,世俗统治者还利用宗教改革,通过精神领域的独立加强了民族国家的独立,并逐步获得了向海外扩张的物质条件与本国市民阶级的进一步支持。这时的世俗统治者意识到,如果要联合全国的力量,在国家势力扩张的过程中扫除反对力量,就必须设法培植民族主义感情。于是,最终这个过程体现在了民族历史与研究方面。文艺复兴时期的人文主义民族

[①] [美]唐纳德·R.凯利:《多面的历史:从希罗多德到赫尔德的历史》,陈恒、宋立宏译,生活·读书·新知三联书店2003年版,第219—220页。

[②] 参见王晴佳《论民族主义史学的兴起与缺失——从全球比较史学的角度考察》,《河北学刊》2004年第4—5期,第128—133、172—178页;又参见徐波《西方史学中的民族史传统》,《社会科学研究》2004年第5期,第132—137页。

史书写不仅强调历史的道德训诫功能，而且他们写出的历史作品含有明显的政治功利性。马基雅维里的《佛罗伦萨史》（*Florentine Histories*）和《论李维》（*Discourses on Livy*）就是这类民族史书写的典型。至于博学好古研究，正如本书在上面几章所提及的，很多学者的研究动机都带有民族主义色彩，他们既因为民族主义而排斥某些历史观点，也因为民族主义而希望延长本民族的历史，赞扬本民族的灿烂成就和辉煌过去，希望通过这种手段，加强当代人的民族意识与民族自信心，并为子孙后代保存好本民族的文明遗产。可见，政治军事叙事史传统与博学好古研究传统都对民族历史的发展起到了正面作用。[①]

民族史书写与研究在政治上为民族国家的兴起提供了一种历史合法性，而在民族史书写史上，也推动了现代史学的形成。这是因为：第一，民族历史具有世俗性，它突破了教会史的普世主义，考察的是各个民族的特殊性。第二，民族历史的博学好古研究具有理智性和严肃性，为了考证民族起源的传说和民族的古代状况，学者们利用了古典文本之外的新材料，包括实地考察的笔记、古代遗迹上的铭文、古代废墟出土的钱币与器物。换句话说，民族史要求民族史书写与研究具备古典作家所没有的创新，这一点是现代史学方法得以建立的基础之一。

二 "蒙茅斯的杰佛里"传统

16、17世纪关于民族史的博学好古研究是建立在中世纪编年史的传说上的。博学好古研究者首先要打破的是中世纪编年史中关于民族的传说，因为这些传说不论是从古典文献方面还是从实物证据方面，都是站不住脚的。在论述文艺复兴时期英国博学好古研究与民族史书写的关系之前，本书首先回顾中世纪编年史对民族史的看法。

中世纪编年史对文艺复兴时期博学好古研究者最重要的传统就是"蒙茅斯的杰佛里"传统。这种传统在英语中也被称为"加尔弗里德传统"（Galfridian，下文简称"杰佛里传统"）。杰佛里传统所依据的著作

---

① 徐波：《博学好古研究与西方史学》，《四川大学学报》（哲学社会科学版）2005年第1期，第133—134页。

是杰佛里撰写的《不列颠诸王史》一书,此书提出了一个源自布鲁图斯(Brutus)的英国古代国王谱系。① 上文已经提及,《圣经》也是英国民族起源的材料来源之一。其他中世纪编年史作者曾把雅弗之子歌篾(Gomer)尊为威尔士人的祖先;② 或提出不列颠岛最早的居民是巨人部落。这些说法都不如杰佛里传统那么有影响力。根据杰佛里的说法,来自特洛伊的布鲁图斯率领移民取代了上述土著的统治地位。

12 世纪的杰佛里传统来自 9 世纪的威尔士编年史作者奈尼乌斯(Nennius)的《布列吞人史》(*Historia Brittonum*)。从已知文本年代上看,奈尼乌斯是英国第一位提出布鲁图斯起源说的学者。因为奈尼乌斯认为布鲁图斯是挪亚时期大洪水之后,定居在不列颠岛第一批居民中的领袖,所以他实际上把罗马的开国传统与基督教的教义结合在了一起。③ 奈尼乌斯提出这种说法的理由很简单:"布鲁图斯"(Brutus)一词演变成了"不列颠"(Britain)一词。④

杰佛里则在《不列颠诸王史》中更明确地提出了布鲁图斯的特洛伊血统。根据他在该书第一部中的记叙,⑤ 我们可以得出布鲁图斯的谱系图(见图 3-5)。

《不列颠诸王史》关于布鲁图斯从特洛伊到达不列颠岛的记述非常类似于维吉尔《埃涅阿斯记》关于埃涅阿斯到达意大利的记述。布鲁图斯在神的指引下,也就是在宿命的安排下,战胜途中的敌人以后,率领船队到达了不列颠岛:

---

① 这一谱系在英国文艺复兴时期的文学中影响也很大。如威廉·莎士比亚、托马斯·沙克维尔(Thomas Sackville)和托马斯·诺顿(Thomas Norton)都参考了杰佛里的故事。
② 18 世纪的博学好古研究者根据语源推测,采纳了这种说法。因为歌篾的后代被中世纪的学者认作 Cimmerians;威尔士人把自己称作 Cymry;所以两者之间有关联。类似的语源推测如:大陆学者认为哥特人(Goths)的祖先是《圣经》中同为挪亚后代的歌革(Gog)。
③ 凯利指出,奈尼乌斯的做法类似于约旦尼斯(Jordanes)和图尔主教格雷戈里。参见[美]唐纳德·R. 凯利《多面的历史:从希罗多德到赫尔德的历史》,陈恒、宋立宏译,生活·读书·新知三联书店 2003 年版,第 206—210 页。
④ Britain 这个词在古拉丁语中就出现了。罗马帝国不列颠行省的名字是 Britannia。
⑤ [英]蒙茅斯的杰佛里:《不列颠诸王史》,陈默译,广西师范大学出版社 2009 年版,第 2—3 页。

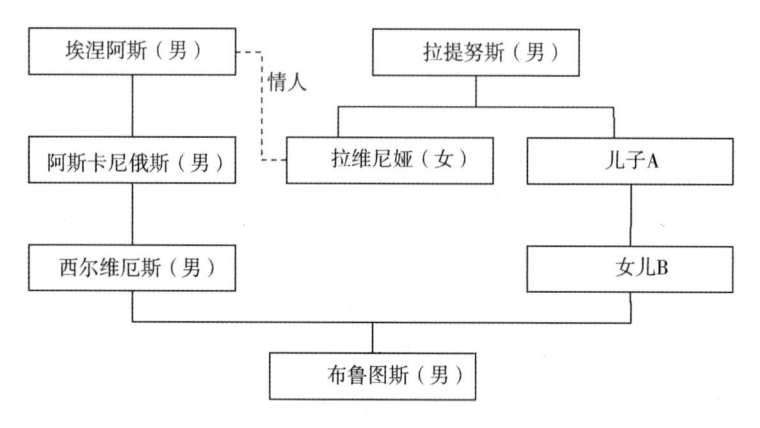

图 3-5 布鲁图斯的特洛伊谱系

在那个时候，不列颠岛被称作阿尔比恩，除了少数巨人之外，没有人在那里居住。但是，它那多样的地形、茂密的树林和满目游鱼的河流都呈现出喜人的景象。布鲁图斯和他的同伴们心中都充满了在这儿生活的激情。他们在各地勘察，把巨人都驱赶到山上的洞穴里。在征得了首领的同意之后，人们划分了土地。他们开始耕种田地，建造房屋——没过多久，你就会觉得这里仿佛一直有人居住。

布鲁图斯按照自己的名字将这岛屿命名为不列颠，把他的族人称为不列颠人。他希望自己的事迹可以通过这座岛屿的名字永垂于世。不久之后，因为相同的原因，这支民族的语言——此前一直被认为是特洛伊语或不正宗的希腊语——也被称作不列颠语了。①

《不列颠诸王史》从布鲁图斯的特洛伊身世开始叙述不列颠岛在被撒克逊人征服之前的历史，其重点是罗马人统治下的不列颠地方上的统治者，尤其是亚瑟王。在叙述不列颠的历史中，杰佛里对传说完全不做批判，很多地方直接以奈尼乌斯的作品为基础进行改编和扩充，好像他

---

① ［英］蒙茅斯的杰佛里：《不列颠诸王史》，陈默译，广西师范大学出版社 2009 年版，第 20 页。

是在写一部文学作品一样。遗憾的是，杰佛里之后的许多作者直接就把《不列颠诸王史》当作信史看待。最后，他说到布鲁图斯的后代因为"瘟疫、饥荒和内讧"而被撒克逊人征服，后者则"更加明智"，"彼此和睦相处，耕种田地"。① 可见，杰佛里虽然没有材料批判意识，但是他对历史上的因果关系看得十分宽容，这其中已经隐含了一定程度的为统治者垂鉴的功能。

杰佛里传统中还包含一个"莫姆提乌斯法"（Molmutine laws）的概念。在《不列颠诸王史》中，杰佛里提到有一位名叫顿瓦罗·莫姆提乌斯（Dunwallo Molmutius）的布列吞国王，他早在罗马人征服不列颠、带来罗马法之前，就已在英国推行了一套行之有效的法律体系：

> 顿瓦罗·莫姆提乌斯在不列颠人当中推行了所谓的莫姆提乌斯法。直到今天，它在英国人当中仍然很出名。……顿瓦罗下令，所有城市和神灵的庙宇都享有特权，逃到那里的流亡者或是被控告有罪的人，在他们从城市或神庙里出来的时候，都必须被赦免。……此外，农夫的犁是不可剥夺的。……土匪不许拔刀，强盗的恶行也被禁止，因为没有人敢对顿瓦罗的臣民施暴。②

法律史方面的博学好古研究者接受了这种说法，并努力寻找其他证据，希望证明英国普通法和罗马法同样历史悠久，以此倡导民族主义，抵制外来政治干涉。③

杰佛里传统为16世纪的教会史提供了材料。教会史作家曾在不列颠诸王的世系中加入与蛮族基督教化有关的历史。例如，卢西乌斯王（Lucius）建立了不列颠的早期基督教，这比流传更广的坎特伯雷的奥古斯丁劝撒克逊人改宗的事件更为古老。又如，教会史家认为对基督教贡献最为突出的君士坦丁皇帝具有一半的不列颠血统：君士坦丁的母亲

---

① [英]蒙茅斯的杰佛里：《不列颠诸王史》，陈默译，广西师范大学出版社2009年版，第220页。
② 同上书，第37页。
③ Richard F. Hardin, "Antiquarianism", Paul F. Grendler, ed., *Encyclopedia of the Renaissance*, Vol. 1, New York: Charles Scribner's Sons, 1999, p. 75.

海伦是不列颠的科埃尔王（Coel）之女。[1]这些借用杰佛里传统的教会史明显带有民族主义色彩。

16世纪学者约翰·贝尔继承了杰佛里传统中的追踪谱系的特征。贝尔采用法国维特堡的埃尼戊斯的"贝罗苏斯"（Berosus）历史，采信了一个源自萨莫特斯（Samothes）的谱系。他认为萨莫特斯是挪亚的孙辈，或者是具有凯尔特民族血统的一名王室后代，并将萨莫特斯的年代定位于不列颠巨人部落之前。他以为自己的贡献在于填补了杰佛里传统中的更遥远的空白。[2]这种做法后来没能在博学好古的古史研究中持续下去。

事实上，同为12世纪的英国编年史作者纽堡的威廉（William of Newburgh）就已经表达了对杰佛里著作的不屑，他批评杰佛里编造了关于布列吞人的"可笑的世系之网"，其中充满了杰佛里本人"不可控制地想要撒谎的热情"。纽堡的威廉进而讽刺当代的英国读者：杰佛里也许是想要"取悦不列颠人"，因为"绝大多数不列颠人仍旧十分野蛮，他们宣称自己仍旧在等待着亚瑟王在未来再临人世"。[3]

正如本书的下一节所要说明的，杰佛里传统在人文主义民族史书写和博学好古研究的双重攻击下慢慢地不再得到史家的重视，但是这一传统进入了18世纪欧洲的浪漫主义文学创作领域。从文学的角度看，蒙茅斯的杰佛里虽然在材料上不比奈尼乌斯高明多少，但是他对于过去事件的描绘比奈氏更为具体也更为丰富，他没有以材料堆砌的形式来填充自己的作品，而是在人文主义民族史书写尚未兴起之时，在一个修道院编年史充溢的时代，就能够把杜撰的人物与事件描绘得像真实发生过的历史一般。另外，笔者在这里还要强调的是，杰佛里传统既带有微弱的民族主义色彩，为英国人想象了祖先的"高贵"起源，同时也以冷静的态度看待布列吞人的兴衰。有现代学者指出，这种冷静背后预示的是

---

[1] Daniel R. Woolf, "Senses of the Past in Tudor Britain", *A Companion to Tudor Britain*, edited by Robert Tittler and Norman Jones, Oxford: Blackwell Publishing, 2004, pp. 407–429.

[2] Ibid..

[3] 转引自［美］唐纳德·R. 凯利《多面的历史：从希罗多德到赫尔德的历史》，陈恒、宋立宏译，生活·读书·新知三联书店2003年版，第228—229页。

上帝预先安排的民族复兴。①

三 博学好古研究与民族史书写

16 世纪之后,都铎王室在英国树立了统治地位。从亨利八世开始,出于国王个人专制、摆脱教权控制和抵抗外国干涉的需要,民族情感得到刻意的培育。例如英语就在这时从上层向下层慢慢推广,标准的英语拼写、语法也因为印刷术而得到逐渐确立。而培育民族感情要求学者去塑造民族主义的神话。在现代看来,这是一种令人不齿的、为统治者服务的历史造神运动;但对于当时的英国学者来说,由于尚缺乏时代误植的意识或"历史感",他们具备一些现代人一时无法理解的前提。首先,人们意识到罗马教会在政治上的野心类似于罗马帝国,因而产生了对意大利人文主义甚至是罗马时期历史的复杂心理。其次,尽管有名的古典作家没有提到"不列颠诸王",但是除了杰佛里的传统之外,16 世纪前半叶的学者并不能获得任何其他关于非罗马征服时期英国历史的材料。这就是杰佛里传统继续被沿用的重要原因之一。所以威廉·卡克斯顿所出版的第一批印刷编年史就包括了布鲁图斯、亚瑟王等人的传说故事。而由于印刷术带来的识字率的普及和读者面的拓宽,原本只有修道院僧侣才能读懂的拉丁语编年史,到 16 世纪的传播范围更广,相应地,杰佛里传统事实上是加强了。

然而,旅居英国的意大利人文主义史家波利多尔·维吉尔身处杰佛里传统之外。他通过李维－布鲁尼撰史传统的《英国史》表达了自己对杰佛里传统的批评态度。他在这部著作中排除了很多被英国学者普遍相信的历史事件,他认为这些来自蒙茅斯的杰佛里《不列颠诸王史》的事件纯属谬误或谎言。他进而批评传统上认为的英国的特洛伊起源说,除了杰佛里之外,持特洛伊起源说的其他编年史家,诸如 12 世纪的亨廷顿的亨利与 14 世纪的拉努尔弗斯·希金(Ranulphus Higden)都

---

① R. W. Southern, *History and Historians: Selected Papers of R. W. Southern*, R. J. Bartlett ed., Oxford: Blackwell, 2004, p. 27.

在波利多尔的驳斥之列。①波利多尔的这种非主流观点受到了同时代英国学者的抗拒,例如约翰·利兰曾为杰佛里传统写了一部《为亚瑟统治不列颠辩护》(Assertio inclytissimi Arturij Regis Britanniae) 的辩护性质的著作,他利用自己的博学好古考察得来的证据证明亚瑟王曾确实统治过英国的某些地区。②而且,直到伊丽莎白在位期,由于英国民族自信心的增强,像约翰·贝尔、何林设德、威廉·哈里森、威廉·兰巴德和爱德华·柯克(Edward Coke)等历史家与博学好古研究者都支持杰佛里传统。但正如上文所提到的,布鲁图斯传说实际上已经暗淡;在16世纪后半叶继续保持生命力的是关于亚瑟王的传说。③

到16世纪末17世纪初,因为人文主义文本批评精神的影响,也因为博学好古研究已经起步,所以英国主流学界已经在很大程度上舍弃了布鲁图斯起源说。威廉·卡姆登在《大不列颠志》中没有提及英国的特洛伊起源,使他成为持怀疑态度的最主要英国学者之一。从卡姆登开始的其他博学好古研究者,也就是博学好古研究者学会的那一批学者,几乎再也没有人会对特洛伊起源说感兴趣,因为博学好古研究者比其他英国学者具备更多关于古史的知识,也更有文本批评的意识和"历史感"。但是,有学者认为,17世纪上半叶博学好古研究不再过多地讨论英国民族起源的问题,是因为历史研究的兴趣已经转向了与政治斗争更有联系的领域。清教主义运动、国王与议会的斗争促成了关于教会史和宪政史的博学好古研究。④

因为与罗马教会的决裂,英国学术界出现了一种反意大利的思潮。这种思潮反映在民族史书写与研究上,就体现为:本民族的合法性来源

---

① William Raleigh Trimble, "Early Tudor Historiography, 1485–1548", *Journal of the History of Ideas*, No. 11, 1950, p. 36. 由于《英国史》是题献给都铎王室的,所以波利多尔保留了部分传说故事,并在宗教问题上不列颠岛居民的虔信。详见孙秉莹《欧洲近代史学史》,湖南人民出版社1984年版,第36—41页。

② William Raleigh Trimble, "Early Tudor Historiography, 1485—1548", *Journal of the History of Ideas*, No. 11, 1950, pp. 37–38.

③ [美] 唐纳德·R. 凯利:《多面的历史:从希罗多德到赫尔德的历史》,陈恒、宋立宏译,生活·读书·新知三联书店2003年版,第339—340页。

④ Daniel R. Woolf, "Senses of the Past in Tudor Britain", *A Companion to Tudor Britain*, edited by Robert Tittler and Norman Jones, Oxford: Blackwell Publishing, 2004, pp. 407–429.

于她在历史上的声誉。关于对罗马征服时期历史的矛盾态度，本书已经做出论述。除此之外，英国学者也开始对盎格鲁－撒克逊时代的"自由史"发生兴趣。这是因为 11 世纪的诺曼征服事件象征着来自法国的枷锁，换句话说，英国人生来是自由的，诺曼王朝带来的以王权为中心的宪政制度限制了英国人的自由。与盎格鲁－撒克逊历史有关的中古史研究，本书将在下一章具体论述，在这里，中古研究的兴起体现的是反对法国政治干涉的民族主义。

就具体博学好古研究者对民族史书写与研究的态度而言，我们举威廉·卡姆登和理查德·维斯特甘（Richard Verstegan）等人的例子来说明。在波利多尔的问题上，卡姆登并不否认杰佛里传统中对布列吞人的定义。但他认为，有关布列吞人的起源过分模糊了，所以作为严肃的学者，应该暂缓做出判断。他说过一句话：如果特洛伊的故事是真的，那么"对古典时代的迷恋者将不会再去进行枯燥乏味的研究"。[1]这句话的潜台词是，民族的起源必须经过博学好古研究来进行充分证明，无法证明的起源说必须抛弃。同时，卡姆登自己也撰写过含有人文主义因素的民族史著作，即 1615 年的《伊丽莎白女王统治期编年史》（*Annales Rerum Gestarum Angliae et Hiberniae Regnate Elizabetha*），此书是《大不列颠志》第一版问世后 30 年才出版的，因此它吸取了《大不列颠志》中的研究方法，主要从伦敦塔与纹章院的档案文献来讲述当代民族史。《伊丽莎白女王统治期编年史》最初也是用拉丁语写的（1617 年在法兰克福出版拉丁语第二版），这表明卡姆登希望在欧洲大陆学者中宣传不列颠民族正在崛起这一事实。所以说，这部著作虽然在材料使用上值得称道，但是它的目的是对伊丽莎白政权的鼓动宣传，它甚至在普通读者群中建立了一个伊丽莎白女王的神话，[2]并且用尖刻的话语批评影响伊丽莎白政策的"奸臣"，以此衬托出女王的洁身自好：

> 他（莱斯特伯爵）被尊敬为最成功的廷臣之一，他外表整洁

---

[1] 转引自 Graham Parry, *The Trophies of Time: English Antiquarians of the Seventeenth Century*, Oxford, New York: Oxford University Press, 1995, p. 29.

[2] 约翰·福克斯的《殉教者之书》是关于为伊丽莎白女王造神的一个重要先例。

漂亮,对士兵与学生宽宏慷慨,是一名奸诈的趋炎附势者,总是易于取悦和尊重自己的利益相关者,而对他的对手则十分狡猾。最初这种狡诈还体现在对待女人的方面,晚年则极端沉溺于婚姻事务。不过,他一面比起高尚的道德来更爱受人妒忌的权力与地位,另一面诬蔑他的对手则找到很多事情来谴责他,即便在他如日中天之时也未能免除使自己不名誉的、混杂有无稽之谈的诽谤与中伤。[1]

比威廉·卡姆登年轻的博学好古研究者理查德·维斯特甘则强调英国民族的日耳曼起源。这种说法在16、17世纪的博学好古研究者中是极少见的。维斯特甘的确抛弃了杰佛里传统中的特洛伊起源说,但是他所提出的日耳曼起源说却是采自《创世记》的挪亚谱系与巴别塔的故事。尽管如此,维斯特甘在这种论点中饱含的民族主义是非常明显的,他在《恢复已腐坏的智慧》(*A Restitution of Decayed Intelligence*)一书中说:"古老而高贵的撒克逊人作为英国人的真正祖先本来是日耳曼人的一支;而英国人源自日耳曼人是多么光荣啊。"[2] 他认为,撒克逊人就是这一支成为英国人祖先的日耳曼人。在提出日耳曼起源说的同时,维斯特甘对特洛伊起源说表示怀疑。他认为,即便的确有一支特洛伊人千里迢迢来到不列颠岛成为"布列吞人",那他们离现代的"英格兰人"相差实在太远了。这些布列吞人的后代也许只是"威尔士人"的祖先,"英格兰人"的高贵性不应出自布列吞人。[3]

到詹姆士一世国王在位时期,詹姆士本人为了建立其统治整个英伦三岛的合法性,就鼓励学者研究王室的血统。詹姆士希望把自己的血统从高贵的布列吞人那里开始追溯,所以他愿意把布鲁图斯、亚瑟王、辛白林认作自己的祖先,并且,如果有学者在题献词中奉承他为"英格兰-撒克逊国王"(English-Saxon)的话,他也会欣然接受。本书在

---

[1] 转引自 Richard L. DeMolen, "The Library of William Camden", *Proceedings of the American Philosophical Society*, Vol. 128, No. 4, 1984, pp. 328–329。

[2] 转引自[美]唐纳德·R. 凯利《多面的历史:从希罗多德到赫尔德的历史》,陈恒、宋立宏译,生活·读书·新知三联书店2003年版,第340—341页。

[3] Graham Parry, *The Trophies of Time: English Antiquarians of the Seventeenth Century*, Oxford, New York: Oxford University Press, 1995, pp. 50–53。

第二章中提到的罗伯特·柯顿，虽然与查理一世交恶，但是他与詹姆士一世却称兄道弟。柯顿曾经写了一篇《论自撒克逊人开始的国王陛下的血统》（"Discourse of the Descent of the King's Majesty from the Saxons"）的论文献给詹姆士，这篇文章用博学好古研究的部分成果证明王权（而不是议会）的权力来源于撒克逊人，因为当时议会派学者认为议会权力也来自撒克逊时代。为此，詹姆士在 1603 年把爵士头衔授给柯顿。[①]国王和议会的政治斗争就这样通过关于民族起源的讨论，从政坛走到了学术界。

本章小结

英国博学好古研究者关于古史的研究，受到诸多因素影响：

首先，罗马征服之前的英国史，受到中世纪的基督教历史观的很大制约。世界历史在基督教历史观中不足一万年，而且人类历史与自然历史几乎同时开端。这一点使许多英国学者不仅不相信人类之前的自然历史，也缺乏关于远古与现在存在巨大差异的历史感。罗马征服之前的英国史或史前史，在这种学术氛围下，无法得到充分发展，未能取得重大进步。

其次，地理大发现扩充了英国人的视野。博学好古研究者开始使用初步的人类学比较方法，从美洲印第安人的外貌和社会状况中得到关于不列颠岛土著居民"布列吞人"的情况。

最后，民族主义情感使博学好古研究者不愿过分地赞颂罗马文明的成就，英国民族史也未能完全去除神话传说的因素。16 世纪末期，他们在蒙茅斯的杰佛里的传统阴影下，批判地继承了特洛伊起源说和亚瑟王传说。进入 17 世纪之后，支持国王的学者与支持议会的学者则分别从各自的立场出发，形成差别很大的古史研究结论。所以，民族主义在斯图亚特王朝前期因国内政治斗争发生了扭曲，博学好古研究于是冷落了民族起源研究，转向新的热点。

---

① Graham Parry, *The Trophies of Time: English Antiquarians of the Seventeenth Century*, Oxford, New York: Oxford University Press, 1995, p. 72.

第四章

博学好古研究与中古研究

"中古研究"是指关于盎格鲁-撒克逊与诺曼王朝两个历史时期（5—12世纪）的研究。中古研究是英国的博学好古研究者在斯图亚特王朝复辟之后（17世纪下半叶）的主要学术贡献，而这些贡献离不开本章将要论述的16世纪下半叶和17世纪上半叶的基础工作。马太·帕克大主教的研究小组做了很多古英语文献整理工作；理查德·维斯特甘就古英语的渊源问题和英语的纯洁性问题进行了带有民族主义色彩的讨论；威廉·卡姆登在自学古英语的基础上，第一次将相关知识运用到修订版的《大不列颠志》之中。最后，威廉·索姆纳通过在17世纪中叶动荡时期的辛勤工作，编写了里程碑性的古英语词典。虽然这一阶段没有关于中世纪的专题作品出现，但是上述研究对于复辟时期英国民族史书写与研究的成熟和19世纪史学的科学化都具有重要的奠基作用。

第一节　16世纪下半叶的中古研究

一　中古研究的动机

16、17世纪的英国博学好古研究者，在宗教问题和政治问题争论的推动下，开始把注意力从古史研究转向中古研究，也就是从盎格鲁-撒克逊时代开始、到文艺复兴时期为止的研究。截至英国内战，英国博学好古研究者在这方面的学术活动主要集中于盎格鲁-撒克逊时代与诺曼王朝时期，也就是5世纪至12世纪。

在叙述文艺复兴时期博学好古研究与中古研究的问题之前，先对"盎格鲁-撒克逊"和相关术语进行简单的解释。"盎格鲁-撒克逊"

(Anglo - Saxon) 在英语中可用作名词或形容词；作名词讲，指盎格鲁 - 撒克逊人，即 5 世纪开始入侵英国东南部的日耳曼部落；作形容词讲，指盎格鲁 - 撒克逊时期，即 5 世纪至诺曼征服为止的 1066 年。盎格鲁 - 撒克逊人主要由盎格鲁人（Angles）[①]、撒克逊人（Saxons）和朱特人（Jutes）三支组成。盎格鲁人来自今德国的盎格兰地区（Angeln）；撒克逊人来自今德国的下萨克森（Niedersachsen）地区；朱特人则来自今丹麦的日德兰半岛（Jutland Peninsula）。盎格鲁 - 撒克逊人使用的语言被称为"古英语"（Old English），它是一种"西日耳曼"（West Germanic）口音，在盎格鲁 - 撒克逊时代的不列颠又细分为四种方言：西撒克逊语（West Saxon）、麦西亚语（Mercian）、诺森伯里亚语（Northumbrian）和肯特语（Kentish）。古英语从 11 世纪开始逐渐演变为"中世纪英语"（Middle English）。现代学界又把关于盎格鲁 - 撒克逊时代的研究称为"古英语研究"（Old English Studies），但这个术语强调的是语言文学研究，而且罗马人撤离之后不列颠由"蛮族"统治，已经属于中世纪史范畴。所以，本书将关于 5 世纪至 12 世纪的研究暂且称为"中古研究"。

16、17 世纪，博学好古研究者和其他历史家的兴趣从古史研究转向中古研究，主要有两个原因。第一个是宗教方面的原因。宗教原因形成了对撒克逊研究的最初兴趣。16 世纪下半叶的学者视盎格鲁 - 撒克逊时期的教会为刚组建的英国国教会的先驱，也就是说，盎格鲁 - 撒克逊教会将历史合法性赋予了英国国教会。当时，英国坎特伯雷大主教[②]马太·帕克（Matthew Parker）领导了一个中古研究小组，其研究目的就是显示盎格鲁 - 撒克逊时期英国教会的纯洁性，因为 11 世纪之后的英国教会屈从于罗马教皇的权威，自身也腐朽了。现代学者则认为，盎

---

① 关于这些蛮族部落的译名，有几点值得注意：(1)"Anglo"是"英格兰"（England）这一地名的来源；"Anglo"还可以衍生出英国史上的许多术语，例如"Anglicize"（英国化）、"Anglican Chuch"（英国国教会，基督教安立甘宗）等。(2)在不列颠岛定居的 Saxons 一般译为"撒克逊人"，在欧洲大陆定居的 Saxons 一般译为"萨克森人"，今德国的地名 Sachsen 译为"萨克森"，以示英国与大陆两支 Saxons 的区别。(3)"朱特人"（Jutes）与丹麦的"日德兰"（Jutland）地名有联系，但习惯译法有别。上述习惯译名会造成初学者的困惑，值得世界史教学者的注意。

② 坎特伯雷大主教是 16 世纪时仅次于英王的宗教领袖。

格鲁-撒克逊时期对英国教会史而言非常重要是因为，当时变体说教义还没有出现；独身对神职人员来说不是必要的；讲经和仪式用的是古英语（后来变为中世纪拉丁语）。①

第二个原因是政治性的，这个原因在17世纪上半叶发挥作用。当时的议会派学者认为普通法系统和宪政原则在盎格鲁-撒克逊时期已经得到建立；其中，撒克逊人从欧洲大陆带来了自由与代议政治的原则，盎格鲁-撒克逊时代的宪政传统正是从这些原则中演化出来的。关于这种宪政传统究竟是什么样子、它到底存不存在的问题，议会派与保皇派争论得十分激烈。而有关制度与法律的博学好古研究则成为政治斗争双方的论据来源。保皇派坚持国王的权利完全符合普通法的漫长传统；议会派认为诺曼征服的唯一结果就是不列颠的居民遭到了奴役。② 于是，用历史先例说话的做法成为17世纪初的一种解决政治争端的合法手段。③保皇派没有因为议会派的反对就直接实施镇压，而是找出更有力的论据驳斥议会派。这种情况类似于16世纪初欧洲大陆宗教改革时期教派争论对文本批评的促进作用（参见本书第一章）。

上述原因造成了17世纪英国学术最突出的特色就是中古研究，或者也可以说，博学好古研究因为中古研究在17世纪成为显学。到18世纪初时，牛津大学和剑桥大学的大部分学者已经熟悉了古英语。④ 17世纪研究中古史的博学好古研究者澄清了盎格鲁-撒克逊时代的历史，在这方面他们填补的"历史空白"远多于其他历史时期。而研究成果数量之多，依赖的是中世纪古英语文献的整理出版，马太·帕克的研究小组在16世纪末的文献整理工作为17世纪的中古研究奠定了坚实基础。17世纪上半叶，威廉·卡姆登和理查德·维斯特甘做的是综合性的研究；约翰·塞尔登、亨利·斯倍尔曼和詹姆斯·厄谢尔则通过之前学者

---

① F. J. Levy, *Tudor Historical Thought*, Toronto: University of Toronto Press, 2004, p. 117.
② 这一派学者的这种观点简称为"诺曼奴役"（Norman Yoke），相对于传统的"诺曼征服"一词（Norman Conquest），前者强调的是诺曼王朝建立封建制度的过程中，不列颠原住民和原贵族的传统中断了，他们被迫接受诺曼王室及其新封的领主的暴政。
③ Rosemary Sweet, *Antiquaries: The Discovery of the Past in Eighteenth - Century Britain*, London: Hambledon and London, 2004, pp. 192 - 194.
④ Graham Parry, *The Trophies of Time: English Antiquarians of the Seventeenth Century*, Oxford, New York: Oxford University Press, 1995, pp. 360 - 361.

整理的文献和综合研究,进行了关于中世纪法律和制度方面的专题研究。1640年,斯倍尔曼在剑桥建立了撒克逊研究的讲席。17世纪后半叶最著名的中古学者威廉·索姆纳则利用了撒克逊讲席的研究基金,出版了第一部古英语词典(1659年)。从这部词典开始,中古研究开始进入一个更为繁荣的新时期。本节重点论述的是马太·帕克研究小组的奠基作用。

二 马太·帕克的研究小组

中古研究的必要材料包括特许状和古英语抄本两个方面。首先,中世纪时期国王和领主颁发的特许状确定了英国习惯法中的很多权力与阶级特权,包括13世纪初《大宪章》的渊源,也包括某集镇从领主那里获得的开办集市的特许。[①]其次,最容易获得的材料是古英语文献,而古英语文献存留到近代早期的则主要是编年史作品。罗伯特·柯顿图书馆收藏了许多关于诺曼征服事件和诺曼王朝建立封建制度的珍贵编年史抄本。卡姆登曾在17世纪初的研究中利用过柯顿馆藏的这类文献。[②]波利多尔·维吉尔则是英国最早利用编年史抄本进行民族史书写的学者,他在撰写《英国史》之前,就发现并出版了季尔达斯编年史的某个抄本;在《英国史》中则明确指出,马尔姆斯伯里的威廉和马太·帕里斯的编年史比杰佛里的《不列颠诸王史》更为可信。[③]

坎特伯雷大主教马太·帕克从16世纪60年代开始组织并资助学者[④]进行中世纪文献的编修与出版。这些学者除了帕克本人以外,还包括威廉·兰巴德、劳伦斯·诺维尔、罗伯特·柯顿等。正如上文所提及的,他们最初的目的是支持伊丽莎白一世的宗教解决法案,为英国国教会与盎格鲁-撒克逊时代会之间的连续性提供历史证据。

---

① Rosemary Sweet, *Antiquaries: The Discovery of the Past in Eighteenth - Century Britain*, London: Hambledon and London, 2004, pp. 237 - 238.

② Graham Parry, *The Trophies of Time: English Antiquarians of the Seventeenth Century*, Oxford, New York: Oxford University Press, 1995, pp. 79 - 80.

③ 不过波利多尔最信任的是古典时代的权威作品。参见[美]唐纳德·R. 凯利《多面的历史:从希罗多德到赫尔德的历史》,陈恒、宋立宏译,生活·读书·新知三联书店2003年版,第339—340页。

④ 其中部分学者既受马太·帕克的资助,又受伯利勋爵的资助。

帕克团队的第一个成果是对伊恩沙姆的艾尔弗里克《古代的见证》(*A Testimonie of Antiquitie*) 整理出版（1566 年）。这部作品既体现了研究古代文献的实用性，也将古英语介绍给了这部作品的读者。古英语和中世纪拉丁语文献都在这部书中被译成了近代早期英语。在需要印刷古英语的地方，帕克委托当时著名的印刷商约翰·戴伊（John Day）① 专门设计了一种古英语印刷字体。②帕克在《古代的见证》的序言中说，此书"通过对古代的历史作品和其他实物遗存的勤奋的搜索，向我们揭示了每一个时期英国教会的状况"。③除此之外，帕克也告诉读者如何去解释这些费尽心思搜集来的文献。④1567 年至 1574 年，帕克的小组整理出版了许多中世纪编年史作品，主要包括威斯敏斯特的马太、马太·帕里斯、托马斯·沃尔星汉姆（Thomas Walsingham）的编年史，以及阿瑟尔的《阿尔弗雷德传》(*Life of Alfred the Great*)。编修修道院编年史的目的与亨利八世时期的翻译家威廉·廷代尔（William Tyndale）的类似，即使用天主教作家自己的作品来批评天主教教义。但这越来越成为堂而皇之的说法，因为到 1574 年时，帕克已经纯粹为了学术而对编修中世纪编年史感兴趣。例如他后来说自己编修托马斯·沃尔星汉姆编年史的原因是这部作品能够与马太·帕里斯的作品相衔接。到帕克晚年时，他编修其他与英国史有关的文献材料，则混合了宗教动机和民族主义情感。⑤

帕克研究小组中的威廉·兰巴德对盎格鲁-撒克逊时期的法律文献很感兴趣，为此，他在 1568 年整理出版了史料集《盎格鲁-撒克逊法律集》(*Archaionomia*)，此书开始了英国的博学好古法律与制度史研究。因而，法律与制度方面的博学好古研究者都认同英国法律具有长久的连续性，尽管诺曼征服为英国带来了新的制度要素，但是议会派和保

---

① 戴伊是约翰·福克斯插图版《殉教者之书》的印刷商。
② Peter Burke, *The European Renaissance: Centres and Peripheries*, Oxford: Blackwell Publishing, 1998, p. 127.
③ *A Testimonie of Antiquitie*, fol. 3r. 转引自 F. J. Levy, *Tudor Historical Thought*, Toronto: University of Toronto Press, 2004, p. 118。
④ F. J. Levy, *Tudor Historical Thought*, Toronto: University of Toronto Press, 2004, pp. 117 – 118.
⑤ Ibid., p. 120.

皇派都从盎格鲁－撒克逊时代的历史中寻找议会或王权的权力渊源。[1]

概括地说，帕克团队的中古研究工作对英国民族史书写产生了积极影响。他们整理出版了许多有价值的历史文献。虽然这些文献的编修水平参差不齐，但是他们便利了以后的历史家和博学好古研究者的工作。帕克团队的中古研究还首次复兴了古英语，从而推动了古英语语言与文学研究。盎格鲁－撒克逊人因而代替了布列吞人的位置，成为英格兰民族的高贵祖先，同样，盎格鲁－撒克逊人的英雄阿尔弗雷德国王取代了亚瑟王的位置。这不能说是用一个传说取代了另一个传说，而是用一种理智的研究取代了带有意识形态色彩的生搬硬套做法。[2]帕克中古研究的目的，则从纯粹的宗教目的发展为混合了学术性与政治性的目的，这一点说明政治斗争在学术中的作用，也说明纯粹的学术研究在一定程度上是从非学术的目的生发而来的。[3]

帕克通过中古研究，在宗教方面表达了英国教会在盎格鲁－撒克逊时期的纯洁性，这一点成为17世纪之后英国史书写中的老生常谈。不过，没有什么学者针对这一论点进行过补充性的或更深入的研究。除了补充性的整理出版之外，帕克之后的中世纪史书写主要利用了帕克等人整理的史料。17世纪初萨缪尔·丹尼尔（Samuel Daniel）《英国史》（*History of England*，1612年）使用的主要材料包括了季尔达斯的编年史作品；关于1215年的《大宪章》的历史，丹尼尔则是从马太·帕里斯的编年史中获知的。[4]威廉·李瑟尔编辑出版了 Ælfric 古英语宗教论文，以《一篇关于旧约与新约的撒克逊论文》（*A Saxon Treatise Concerning the Old and New Testament*）为题在1623年出版，但李瑟尔本人在这部书中并没有自己的创新论点。[5]詹姆斯·厄谢尔也曾收集盎格鲁－撒

---

[1] Ernst Breisach, *Historiography: Ancient, Medieval, and Modern*, Chicago: University of Chicago Press, 1994, pp. 175–176.

[2] F. J. Levy, *Tudor Historical Thought*, Toronto: University of Toronto Press, 2004, pp. 121–122.

[3] 关于这一论点的详细叙述，参考［英］罗伯特·金·默顿《十七世纪英格兰的科学、技术与社会》，范岱年等译，商务印书馆2000年版，以及他在出版此书之后的更深入的科学史研究。

[4] ［美］唐纳德·R. 凯利：《多面的历史：从希罗多德到赫尔德的历史》，陈恒、宋立宏译，生活·读书·新知三联书店2003年版，第344页。

[5] F. J. Levy, *Tudor Historical Thought*, Toronto: University of Toronto Press, 2004, p. 122.

克逊时代的抄本，他拥有据说是凯德蒙（Caedmon）[1] 所作诗歌的唯一抄本。[2]

第二节　17世纪上半叶的中古研究

一　中古研究的语言问题

在16世纪末和17世纪初，英国学界出现了许多关于英国语言状况的讨论。托马斯·纳什（Thomas Nashe）、加布里埃尔·哈维（Gabriel Harvey）、爱德蒙·斯宾塞、约翰·弗洛里奥（John Florio）、理查德·卡鲁（Richard Carew）和威廉·莎士比亚等人都参与了这场语言讨论。他们讨论的核心问题是：借用其他语言来扩充英语[3]的做法是否可取？这种做法是否会带来意想不到的结果？博学好古研究者理查德·维斯特甘则认为，英语保留了盎格鲁－撒克逊时期语言的特点，所以在英语的发展中，应该保护盎格鲁－撒克逊语言要素。[4]

理查德·维斯特甘曾求学于牛津大学基督教堂学院（Christ Church），他在求学过程中认识了以马太·帕克为核心的中古研究者的圈子，从而获得了关于古英语的语言知识。[5]帕克等人关于古英语的研究实际上一直可以追溯到约翰·利兰。利兰在16世纪上半叶于英国各地修道院搜集的抄本中，相当一部分与盎格鲁－撒克逊时代有关。而到维斯特甘的时代，民族主义研究已经开始兴盛，而且英国国教会、国王和议会都在为自己的合法性到盎格鲁－撒克逊时代中寻找历史依据。正如本书第三章所述，维斯特甘在民族主义兴起的潮流中，提出了现代英格兰人的日耳曼起源。他在《恢复已腐坏的智慧》中提出了这一既新颖又具有启发性的观点，这部著作转移了英国博学好古研究者的注意

---

[1] 凯德蒙是传说中最早且有名字的英格兰诗人。
[2] Graham Parry, *The Trophies of Time*: *English Antiquarians of the Seventeenth Century*, Oxford, New York: Oxford University Press, 1995, pp. 150 – 151.
[3] 本章除特别注明之外，"英语"都是指近代早期英语。
[4] Graham Parry, *The Trophies of Time*: *English Antiquarians of the Seventeenth Century*, Oxford, New York: Oxford University Press, 1995, p. 56.
[5] Stuart Piggott. *Ruins in a Landscape*: *Essays in Antiquarianism*, Edinburgh: Edinburgh University Press, 1976, pp. 55 – 76.

力,即博学好古研究的焦点从布列吞人前进到了盎格鲁-撒克逊人。因为盎格鲁-撒克逊时代的文献正在得到不断发掘,所以,这一段历史比布列吞人的历史更有依据,其研究成果也将更为具体有形。既然盎格鲁-撒克逊时代的文献主要是用古英语写成的,因此,研究诺曼征服之前历史的先决条件就是熟悉古英语。于是,语言问题就成了17世纪初英国博学好古学界乃至整个知识圈的热点。

维斯特甘通过对语言问题的讨论,确立了他关于英格兰民族起源于日耳曼人[①]观点的坚实性。他在《恢复已腐坏的智慧》中为了强调同时代英语与古英语的联系,就为同时代英语确定了一个专用术语:"英格兰-撒克逊语"(English-Saxon tongue)。维斯特甘论述道,诺曼人也许征服了不列颠岛的土地,掌握了统治权,并将撒克逊法改换成大陆的封建法,但是,这些征服者无法像征服土地那样征服英国的语言。事实的确如此,只会说古法语的诺曼人在英国经过两三代之后就没有了,诺曼王室和贵族的后代开始说古英语。维斯特甘将古英语描述为一种永远保存了撒克逊精神气质的语言,还把古英语比喻为一股不可毁灭的凯旋力量。他指出,同时代英国人认同的关键就在于盎格鲁-撒克逊时代的古英语,因为古英语将历史意义赋予了地名、人名和头衔,它体现了英国社会结构中的传统因素。[②]

维斯特甘指出,古英语具有高贵的血统,如果同时代英国人在语言中保留古英语的词汇,就能继承来自日耳曼人的高贵精神气质,在民族国家的争霸中立于不败之地,对抗外来的精神污染与政治干涉。因为在16、17世纪之交,使某事物值得尊敬的有效方法,就是把这一事物追溯到某一古老而高贵的源头。[③]虽然正如第三章所说,这种方法形成了一场新的造神运动,但是在文献和实物证据不完善的情况下,这种方法具备可行性。维斯特甘就试图建立一条"英格兰-撒克逊语"的高贵而古老的谱系,证明这一语言是人类所使用的最原始的语言之一。他举

[①] 撒克逊人是日耳曼人的一支。
[②] Graham Parry, *The Trophies of Time: English Antiquarians of the Seventeenth Century*, Oxford, New York: Oxford University Press, 1995, pp. 64–65.
[③] Ibid..

出一位叫作贝卡努斯（Goropius Becanus）的学者曾说过日耳曼语是世界上最古老的语言，就是亚当在伊甸园中所说的语言；而与英国学者通信的那位地理学家奥特利乌斯也同意这种说法。维斯特甘则稍稍变更了这种观点，他把亚当用意大利语所说的语言确定为希伯来语，而把日耳曼语确定为巴别塔事件中产生的语言。这样的论证已经赋予古英语以足够的古老性了。但是维斯特甘的论证逻辑是经不起推敲的，这一点使他的学术影响力不及同时代的威廉·卡姆登。同时代的剧作家本·琼生（Ben Jonson）就在喜剧《炼金术士》（*The Alchemist*）中嘲笑了类似于维斯特甘这种纯粹推测性的语言研究：

> Mammon：你信古物吗？信档案文献吗？我会给你看一部书，其中记载了摩西、他的妹妹，还有所罗门，关于艺术的看法；啊，其中还有一篇亚当写的论文——
> Surly：是吗？
> Mammon：是关于哲学家之石的论文，用高地荷兰语写的。
> Surly：先生，亚当难道是用高地荷兰语写文章的？（Did Adam write, sir, in High Dutch?）
> Mammon：的确如此：这证明高地荷兰语是最初的语言。（He did: Which proves it was the primitive tongue.）[1]

然而维斯特甘的目的是为英语中的盎格鲁-撒克逊要素辩护。他在说明了古英语起源的古老性之后便提出，同时代的英语是一种活泼而直截了当的语言，完全有能力令人满意地表达各种意义，所以它没有理由被输入的外来词汇改变。维斯特甘最终则是要为英格兰民族的纯洁性辩护。他大量引用塔西佗在《日耳曼尼亚志》（*Germania*）中对日耳曼人的赞美，撒克逊人则是继承了日耳曼人的优点，因此他得出结论说，英格兰民族形成历史上最具有决定性的是撒克逊人主导不列颠的时期。虽然意大利人文主义者把日耳曼人视为罗马灭亡的原因

---

[1] Ben Jonson, *The Alchemist*, II. i. 转引自 Graham Parry, *The Trophies of Time*, Oxford, New York: Oxford University Press, 1995, p. 65.

之一，但是维斯特甘则把北方各种族看作充满活力的力量，起到了民族形成中的奠基作用。①他奉劝英国人应该记住自己的日耳曼－撒克逊起源，不仅应保证英语的纯洁性，而且尽量不要与外族通婚。②所以，维斯特甘的博学好古式的中古语言研究最终导向的是一种有极端倾向的民族主义。

二 卡姆登的中古研究

威廉·卡姆登并未像理查德·维斯特甘那样，带着狂热的民族主义情绪去任意地考证英语的古老性。卡姆登同意的是同时代法国博学好古研究者斯卡利杰的观点：在波斯语中有类似于日耳曼语的单词。斯卡利杰还发现，在荷兰大使巴斯贝克（Ogier Ghiselin de Busbecq）与克里米亚人的来往书信中记录了哥特语的少量单词。斯卡利杰指出，这些单词存在相似性。当然，18世纪语言学研究指出，日耳曼语和哥特语是印欧语系中平行的两种形式。③所以说，卡姆登和斯卡利杰在这方面已经以理智的态度接近了语言研究的真正途径。

正如本书第二章所指出的，威廉·卡姆登在求学的时候已经意识到了语言知识对于博学好古研究的关键意义。他为了学习威尔士语，不惜雇用一个威尔士籍的仆人。因而，卡姆登在《大不列颠志》中就有能力在许多场合直接引用古英语文献，这一点甚至令18世纪的学者感到惊讶。卡姆登在自己的著作中还直接指出，威尔士语"与高卢的高卢语有密切关系，第一批定居者有很大可能从那里来到这里"。④虽然《大不列颠志》在早期的拉丁语版本中，因为过分重视罗马征服时期的历史，而并没有表现出对盎格鲁－撒克逊人的多少热情，但是，在1607年卡姆登自己编写的最后一版问世的时候，我们可以发现他对盎格鲁－

---

① Graham Parry, *The Trophies of Time: English Antiquarians of the Seventeenth Century*, Oxford, New York: Oxford University Press, 1995, pp. 57 – 58.

② Ibid., p. 67.

③ Stuart Piggott, *Ruins in a Landscape: Essays in Antiquarianism*, Edinburgh: Edinburgh University Press, 1976, pp. 33 – 54.

④ 转引自 Stuart Piggott, *Ruins in a Landscape: Essays in Antiquarianism*, Edinburgh: Edinburgh University Press, 1976, p. 62。

撒克逊人的同情心比以往更多，相应地，关于盎格鲁-撒克逊时代的文本也增加了。有学者指出这种变化的原因在于，卡姆登于16世纪90年代曾因为熟识帕克小组中的威廉·兰巴德和罗伯特·柯顿，而学习了一些古英语。①

笔者在所见到的1610年由菲尔蒙·霍兰德（Philemon Holland）所译校的《大不列颠志》中，见到了一个"盎格鲁-撒克逊语字母表"（Alphabetum Anglo-Saxonicum，见图4-1，除此之外并无其他字母表），它实际上是拉丁语字母与古英语字母的对照表。由于此表的说明文字是拉丁语，因此笔者推测这张表是直接从卡姆登原书中照搬过来的。如果这种推测是正确的，那么可以说明卡姆登对古英语知识的重视。

另外，卡姆登关于威尔特郡（Wiltshire）的记述可以充分体现他在后期如何运用语言知识来解释历史。威尔特郡之所以典型，是因为这个地方充满了布列吞人、罗马人与盎格鲁-撒克逊人之间的复杂联系。他先是说，威尔特郡与比利其（Belgae）接壤，接着说，威尔特人勇猛过人，郡内河流密布，平原上羊群如云。然后，卡姆登来到汪斯迪克（Wansdyke）辨认出了一个撒克逊时代的土建遗迹，并解释这个遗迹是西撒克逊人与麦西亚人之间的战斗前线：

> 此郡中部平原上的大部分地区，横亘着一座令人惊叹的土坝，它延伸极长：居住在土坝附近的居民称它为 Wansdike，因为建造者是在 Wednesday 这一天完工的。但这种普遍被接受的说法有误。撒克逊语中，它叫作 Wodenesdic，意思是 Wooden 或 Mercury 之坝。Woden 说的是一种神灵，是英格兰—撒克逊人②的祖先。据说，撒克逊人建了这座土坝，作为分隔麦西亚和西撒克逊两个王国。这里也是两国为了扩张领土而相互交战的战场。③

---

① Graham Parry, *The Trophies of Time: English Antiquarians of the Seventeenth Century*, Oxford, New York: Oxford University Press, 1995, pp. 37 - 38.
② 原文为"English - Saxons"。
③ William Camden, *Britannia*, Vol. 1, Bristol: Thoemmes Press, 2003, p. 241.

第四章　博学好古研究与中古研究　　117

图 4-1　《大不列颠志》的盎格鲁-撒克逊语字母表
（图片来源：William Camden, *Britannia*, 1610, 前言部分）

三 塞尔登和斯倍尔曼的中古研究

约翰·塞尔登在其1610年出版了一部涵盖中世纪时期的制度史著作:《英格兰的雅努斯神的另一张面孔》(*Jani Anglorum Facies Altera*,下文简称《雅努斯神》)。此书的标题是一个比喻,把诺曼征服事件比作两头神雅努斯(Janus)[①],以1066年为转折点考察英国法律和政治制度的历史。塞尔登向前追溯到布列吞人的德鲁依教徒,[②] 向后则一直论述到安茹王朝的第一个国王——亨利二世在位期。他希望在这部著作中更公正地、更清楚地说明英国世俗法律的起源和运作程序。[③]诺曼征服的转折点意义是塞尔登这部作品中重点论述之处。塞尔登在著作中表示,虽然征服者威廉毫无疑问在征服英国之前是一位不受英国法律约束的"自由君主",但是,他通过对忏悔者爱德华法律的肯定,承认了英格兰的普通法的有效性,从而限制自己去接受那一法律。同时,诺曼征服也带入了新的封建法,王室政府重新分配了土地,引进了一整套封建土地所有权体系。诺曼王权则较少受到宪法的约束,行动较为自由。塞尔登认为,封建法与撒克逊习惯法的混合,产生了一个有力而充满生机的政体。[④]

《英格兰的雅努斯神的另一张面孔》背后的矛头似乎指向的是詹姆士一世国王。有心人能够发现,塞尔登用可以理解并合乎逻辑的证据,依靠着丰富而可信的材料,站在了詹姆士一世的对立面;它代表的是议

---

① 在罗马神话中,雅努斯是门神、门廊神、开端神、结束神。他在现代文化中的重要的遗留是与其同名的:一月(January),是一年的开始;以及守门人(janitor),是门与大厅的看管者。Janus经常被描述为看着相对方向的两个头(而不是两张脸),经常被用来象征改变、转变,比如说从过去到未来的进程,又比如说从一个状态到另一个状态,又比如说从一个景象到另一个景象,又如年轻人的成长,又如从一个宇宙到另一个宇宙。他也被看作代表时间的神话人物,因为他能够用一张脸透视进入过去,用另一张脸看穿未来。因此,Janus受崇拜的时刻是:收获和种植时间的开端,婚姻,婴儿出生和其他的"开端"时刻。他是野蛮和文明之间"中间地"的代表,也是乡村与城市之间、年轻人与成年人之间"中间地"的代表。

② 本书前文已提及,他明确指出将法律的源头定在诺曼征服是错误的。

③ Graham Parry, *The Trophies of Time: English Antiquarians of the Seventeenth Century*, Oxford, New York: Oxford University Press, 1995, pp. 97 – 100.

④ Ibid., pp. 105 – 106.

会派律师和宪政主义者的政治立场。①

在法学博学好古研究方面，亨利·斯倍尔曼在完成教会史著作《宗教大会》（见本书第五章）以后，曾计划写一部关于英国法律的起源与成长的权威作品。但是他感到学界在古英语方面的欠缺阻滞了自己的计划，因为他的研究将广泛涉及盎格鲁-撒克逊和诺曼时期的古英语文献。于是他决定从编写词典入手进行中古研究。②但是，由于斯倍尔曼同时进行的研究计划太多，超出了他的能力，因此包括这部词典在内，很多研究在他去世时或者还在笔记阶段，或者只完成了一半。例如，他的这部《拉丁语—蛮族语词典》(Glossarium archaiologicum: Latino-barbara) 就是去世后由威廉·达格代尔续写整理，并在1644年才出版的。斯倍尔曼本人只从字母A的部分写到字母L的部分。③《拉丁语—蛮族语词典》不仅仅是一部由定义组成的词典，而且其中许多重要术语的条目自成一篇论文，犹如大型百科全书。

斯倍尔曼与《拉丁语—蛮族语词典》同时进行的工作就是对英国中古宪政历史的研究。在斯倍尔曼之前，英国律师界普遍认为，英国人权利早期的正式表达，体现在盎格鲁-撒克逊时代的议会和"咨议院"(witenagemots) 制度；在这种古代宪制中，议会和咨议院成员可以向国王提建议，在决策上也能够限制王权。斯图亚特王朝前期，这种思考方式较为流行；即用"起源""转折点""分水岭"之类的概念描述一个事物的历史，这也影响了博学好古研究的思路。但是，斯倍尔曼在他的《论议会》("Of Parliaments") 和《论英格兰古代政府》("Of the Ancient Government of England") 两篇论文中，④ 提出将议会权力追溯到盎格鲁-撒克逊时代是一种有误导性的观点。他表示，议会制度是一种逐渐演进的制度，它体现在历史的缓慢进程之中。盎格鲁-撒克逊时代英格兰地区的七个王国虽然具有同样的语言和风俗，但是每个王国都颁

---

① Graham Parry, *The Trophies of Time: English Antiquarians of the Seventeenth Century*, Oxford, New York: Oxford University Press, 1995, pp. 101–102.

② Ibid., p. 173.

③ 17世纪末，修订斯倍尔曼和卡姆登的博学好古研究者爱德蒙·吉布森则认为，这一作品之所以未完成，是因为斯倍尔曼不愿意词典中的政治案例引起社会争议。

④ 这两篇论文于1698年在《斯倍尔曼遗著》(*Reliquiae Spelmanniae*) 中出版。

布了自己的法律。公元9世纪七国时代结束以后，在军事上一时占优的王国对以往各国的法律进行了扬弃式的继承。①而诺曼王朝时期，在英国学术史上第一次连贯性地阐释了封建主义体系。因为英国封建制度在伊丽莎白时期就已经在很大程度上瓦解，只有很少人能够理解它的特征，遑论它在英国起源的细节。在斯倍尔曼之前，学界并未很好地掌握盎格鲁-撒克逊时期和诺曼时期的社会区别，无法清晰地定义两个社会各自的法律性质。②所以斯倍尔曼在这方面的学术贡献具有重大意义。

塞尔登和斯倍尔曼的中古研究使读者意识到：1066年的诺曼征服事件给英国的法律和制度带来了显著的变化，尽管这种变化并不是全局性的。16世纪后期那种认为从盎格鲁-撒克逊时期以来英国的社会就是连续发展的观点逐渐失去市场。从这两位学者的研究开始，"英国的封建主义起于诺曼征服"的观念深入人心。③由于"封建主义"在英国并非贬义词，所以英国学者从这时开始，体会到了中世纪时期社会较古典时期社会的进步性，从而逐渐带着积极的态度看待"中世纪"；英国的中古研究也因此将在17世纪末期取得更大进步。

第三节　索姆纳的语言研究

现代学者怀特·肯尼特（White Kenett）曾指出，在都铎王朝统治开始之前，古英语已经几乎消失，当时关于它的文献非常少。④所以说，16世纪下半叶的博学好古研究者在复兴古英语的时候，是具备着极大的勇气和耐心的。但他们在当时仍然是少数；⑤就是这一小批学者保存并延续了关于古英语的语言知识。他们就是马太·帕克研究小组中的劳

---

① Graham Parry, *The Trophies of Time: English Antiquarians of the Seventeenth Century*, Oxford, New York: Oxford University Press, 1995, pp. 177 - 178.
② Ibid., pp. 174 - 176.
③ Ernst Breisach, *Historiography: Ancient, Medieval, and Modern*, Chicago: University of Chicago Press, 1994, pp. 193 - 194.
④ Graham Parry, *The Trophies of Time: English Antiquarians of the Seventeenth Century*, Oxford, New York: Oxford University Press, 1995, pp. 185 - 186.
⑤ 17世纪末的古英语学者乔治·希克斯（George Hickes）认为："自诺曼征服以来，只有两名外国人和大约二十名本国人通过辛勤劳动获得了这一语言的知识。"

伦斯·诺维尔和威廉·兰巴德；他们也是伊丽莎白在位时期英国精通古英语的佼佼者，这一点笔者已经在上文论述过。而到了 17 世纪，威廉·卡姆登、理查德·斯特甘、约翰·塞尔登、詹姆斯·厄谢尔都是通过自学才了解古英语的。可以推测，资质较差的学者在掌握古英语上是有困难的，这种情况使学界急需一部关于古英语的词典和语法手册。

亨利·斯倍尔曼在晚年与一位比他年轻的博学好古研究者建立了友谊，后者就是中古研究方面的语言专家威廉·索姆纳（William Somner）。当时，索姆纳后来成为 17 世纪中最出色的研究古英语的学者，并以自己的学识水平，于 1638 年获得了斯倍尔曼在剑桥大学建立的撒克逊讲席。索姆纳的父亲在坎特伯雷大教堂的登记簿办公室任职，索姆纳因而在坎特伯雷得以免费入学，也成为一位神职人员。不久之后，当时的坎特伯雷大主教威廉·劳德（William Laud）任命索姆纳为教区宗教法庭簿册管理员。此后，索姆纳开始在业余时间自学法律与古代史。索姆纳在政治上属保皇党。查理一世被处决后，他曾写过悼文。在共和国时期的 1659 年，他却因征集关于召开自由议会的签名而被关押到迪尔城堡（Deal Castle）。复辟以后他被释放，在其他人的推荐下担任了坎特伯雷郊区圣约翰医院院长。可见，索姆纳在宗教立场上属于高教会派，因此其博学好古研究在宗教方面是支持教会和神职人员的特权的，故而对"劳德运动"（Laud Movement）[1] 产生了推动作用。这说明博学好古研究在 17 世纪中叶对政治宗教环境开始起反作用。但索姆纳本身的中古宗教研究在客观上使英国的中古研究获得了很大进步。[2]

索姆纳在 1640 年出版了《坎特伯雷古物》（The Antiquities of Canterbury）。他是为了掌握古英语，并结束古英语只能由少数人了解的状况而进行研究的。索姆纳把此书题献给威廉·劳德大主教。《坎特伯雷古物》一书研究的是用古英语写成的特许状和法律文献。在此书的撰

---

[1] 劳德运动（Laud Movement），又称劳德主义（Laudianism），17 世纪英国国教会改革运动。运动由当时的坎特伯雷大主教威廉·劳德宣布，自上而下实施。这场运动主要反对的是加尔文派的命定论，认为人类具有自由意志，任何人都可获救；劳德运动还强调宗教仪式和神职人员等级制度的重要性。高教会派就是支持劳德运动精神的国教会派别。

[2] Graham Parry, *The Trophies of Time: English Antiquarians of the Seventeenth Century*, Oxford, New York: Oxford University Press, 1995, p. 181.

写过程中，索姆纳获得了旅居英国的法国博学好古研究者梅里克·卡索彭（Meric Casaubon）的大量协助。卡索彭曾出版过关于古英语的著作《论撒克逊语言》（De Lingua Saxonis），但此后，他开始计划更为庞大的学术研究，以复兴英国的中古历史。他最大的贡献就在于推动索姆纳去编纂一部具有实用价值的古英语词典和语法手册。[①]不仅如此，在卡索彭的鼓励下，索姆纳又撰写了《对亨利一世时期法律的观察》（Observations on the Laws of King Henry I, 1644 年）。1647 年，索姆纳撰写了一篇关于"盖弗凯恩德"制度（gavelkind）的论文。他还翻译了威廉·兰巴德在 1568 年用拉丁语出版的《盎格鲁－撒克逊法律集》，[②] 不过这份译作至今尚未出版。

索姆纳编纂词典的工作，是在之前我们提到的那些自学成才的中古研究者基础上进行的。例如，他使用了诺维尔编写的古英语词汇表，此表实际上是经由塞尔登转交给索姆纳的。索姆纳还获得可帕克秘书约翰·乔瑟林（John Josselyn）的古英语词汇表。除此而外，他还使用了柯顿图书馆收藏的另外两份古英语与拉丁语相互对照的术语表。维斯特甘的《恢复已腐坏的智慧》也包含一张古英语词汇表，索姆纳则根据这张表对《恢复已腐坏的智慧》做了彻底的注解。可见，索姆纳词典编纂工作的背后，是 17 世纪上半叶博学好古研究者的互相合作。索姆纳在 17 世纪 40 年代至 50 年代进行具体的编纂，他深居简出，内战和清教运动都没有能影响到他。而且，他为了更好地理解古英语，还主动学习了爱尔兰语、苏格兰语、丹麦语、斯拉夫语、高卢语和哥特语。[③]

索姆纳的《撒克逊－盎格鲁语词典》（Dictionarium Saxonico - Anglicum）最终在 1659 年出版。这部词典的部头很大，它第一次综合性地解释了古英语词汇。在对每个词汇的接受后面，还附有例举以及英语和拉丁语中的同义词。词典的附录包括艾尔弗里克在 11 世纪所认识的古英语语法，以及艾尔弗里克所参考的年代更早的古英语词汇表抄本。从

---

① Graham Parry, *The Trophies of Time: English Antiquarians of the Seventeenth Century*, Oxford, New York: Oxford University Press, 1995, p. 185.
② 即《盎格鲁－撒克逊法律集》（*Archaionomia*）。
③ Graham Parry, *The Trophies of Time: English Antiquarians of the Seventeenth Century*, Oxford, New York: Oxford University Press, 1995, pp. 185 – 186.

而，索姆纳使他的词典圆满地完成了建立一门语言体系的任务。《撒克逊-盎格鲁语词典》很快成为牛津大学的古英语标准参考书。不过，这部词典的序言是一篇风格活泼的散文。序言的作者是一位叫作威廉·雅各布（William Jacob）的医生，他表达了博学好古研究者在辛勤的工作中体会的快乐，同样也说出了索姆纳的欣慰与自豪，因为作者在极为动荡的年代写成了这样一部具有里程碑意义的作品：

> 一门从档案文献中失落的语言，而从你那里，
> 这门语言则获得了幸福的复活。
> 因此，从你的丰富的头颅和富饶的大脑那里，
> 这大脑如密涅瓦神一般，撒克逊人又活过来了。
> 欢迎你，伟大的亨吉斯特①，也欢迎你的兄弟；
> 因为如今这不是侵略，而是一次访问。②

与索姆纳相邻而居的肯特乡绅约翰·波伊斯（John Boys）则称赞道：

> 纸应该活下来吗，
> 墨水应活下来吗，
> 尤其当黄铜与大理石无法抵挡
> 这只铁器时代侵犯的手的时候？
> 或者，你的书名《词典》
> 关于撒克逊语、拉丁语和盎格鲁语
> 能够让你的书获得销路吗？……
> 因此你这一行已经过时了，朋友。
> 洛（Loe）反对我们如今感到满意的古代。

---

① 亨吉斯特（Hengist）是盎格鲁-撒克逊时代肯特王国的半传说性统治者。
② William Jacob, "To the much admired Antiquary, William Somner, the Great Restorer of the Saxon Tongue". 转引自 Graham Parry, *The Trophies of Time: English Antiquarians of the Seventeenth Century*, Oxford, New York: Oxford University Press, 1995, p. 187.

我们的争吵与前一个时代不合，
与我们敢于与之斗争的死去的神父也不合。①

本章小结

  16、17世纪，博学好古研究者和其他历史家的兴趣从古史研究转向中古研究，主要有两个背景。第一个是宗教方面的背景，即通过中古研究证明英国国教会来源于盎格鲁－撒克逊时代教会的纯洁性。第二个是政治方面的背景，即保皇派和议会派分别在中世纪寻找自己的权力渊源。这些背景使当时英国学术特色之一在于中古研究，博学好古研究也因为中古研究的兴盛在17世纪上半叶成为显学。

  坎特伯雷大主教马太·帕克的研究小组在16世纪下半叶的文献整理工作为17世纪上半叶的中古研究奠定了坚实基础。帕克等人的文献整理工作产生了三个重要后果：首先，为英国国教会与盎格鲁－撒克逊时代会之间的连续性提供了历史证据；其次，便利了以后的历史家和博学好古研究者的工作；最后，复兴了古英语，推动了古英语语言与文学研究。

  在17世纪上半叶，英国学界出现了许多关于英国语言状况的讨论。这方面重要的博学好古研究者是理查德·维斯特甘、威廉·卡姆登和威廉·索姆纳。维斯特甘的研究具有民族主义特色。他证明了古英语具有高贵的血统，如果英国人在语言中保留古英语的词汇，就能继承来自日耳曼人的高贵精神气质，在民族国家的争霸中立于不败之地。卡姆登则在研究中充分意识到了古代语言知识对于博学好古研究的关键意义，他关于威尔特郡的记述充分体现了他在后期如何运用语言知识来解释历史。索姆纳编纂了《撒克逊－盎格鲁语词典》，第一次综合性地解释了古英语词汇，此书很快成为牛津大学的古英语标准参考书，使古英语成为继古典希腊语和拉丁语之后，英国博学好古研究者必须掌握的一门古代语言。

---

① William Jacob, "To the much admired Antiquary, William Somner, the Great Restorer of the Saxon Tongue". 转引自 Graham Parry, *The Trophies of Time: English Antiquarians of the Seventeenth Century*, Oxford, New York: Oxford University Press, 1995, pp. 187–188. 原书未注出处。

第五章

博学好古研究与教会史书写

宗教改革之后，西欧世俗统治者开始支持并资助学者从历史上证明本国基督教会的原始性和纯洁性。教会史书写开始带有民族主义色彩，关于古代教会的讨论促进了博学好古研究。英国的解散修道院运动和清教主义则使相关的研究变得极为紧迫。因此，英国的博学好古研究者在教会史上努力为国教会的悠久历史和独立性辩护，并对教会财产和教堂文物进行了专题研究。

本章涉及的"教会史"，除特别注明外，指的都是西欧的基督教会史。

第一节 文艺复兴时期教会史书写的变化

16世纪初的宗教改革使英国、法国、西班牙和德意志地区的教会都获得了一些特权或行政上的独立性，各国世俗统治者为了确保这种独立性不再受罗马教会的控制，支持并资助学者从历史上证明本国教会的原始性和纯洁性，另外，有些学者也希望证明本国教会如何从纯洁状态堕落到腐朽状态的，以此呼吁进行更深入的宗教改革。这种背景造成文艺复兴时期欧洲教会史书写出现民族主义特点，民族教会史书写数量增加，并因为要探讨的原始教会而促进了博学好古研究。

事实上，建立民族教会的传统早在15世纪就已经萌芽。1415年康斯坦茨宗教大会召开时，大会的控制权既不在教皇手中，也不在各主教团手中，而是由某些国力强盛的世俗统治者掌握。天主教普世教会因世俗统治者的崛起而分裂并衰弱，这种分裂不仅是有多个教皇并立，而且在于各世俗统治者控制下的民族教会的兴起。民族教会趁罗马教会分裂的时机，通过宗教大会获得了新合法性。英国、法国、西班牙和德意志地区的教会或者获得、或者重新确认了自己的特权；在学术层面上，他们通过追溯原始教会的方法把新特权进一步确定下来，这种方法开辟了审视欧洲历史的新视角。虽然追溯原始教会在一定程度上鼓励制造历史神话，但客观上推动了文本批评、文本解释和博学好古研究。例如，"限制教皇权力主义"（Gallicanism）的教会史论点就将世俗统治者所谓的"古老的自由"追溯到远古原始教会。[1]关于这方面的民族史书写与研究在16世纪特别兴盛。以英国和法国为首的教会史家和博学好古研究者从这时开始搜集与民族教会传统有关的文献和实物证据，并从法学中借用"主权""先例""习惯"等概念来支持自己的论点，最后则把包含了原始教会观念的教会史融入官方支持的民族史中。

每一个民族教会传统都有自己的教会自治观和宗教改革观，这两个方面的观念把政治理想和道德理想寄托在远古时期的单纯特征和美德中。至于新教派别的民族教会传统，则是要寻找一种剔除了教会法、主教团和教皇至尊地位观念的教会组织。这种教会组织也只有在远古时期才能出现。就空间而言，英国和法国两国世俗统治者控制下的民族教会，则致力于把民族主义观点强加到教会史上，使"民族教会史"名副其实。可见，民族史书写在卷入教派斗争与民族斗争之后，呈现许多不同的面貌。人文主义民族史书写在复兴古典时代理想的同时，又受各种当代观念的影响，而成为各方面势力信手拈来的工具。那么可以说，在教会史方面，它在16、17世纪出现了多元化、政治化和论战化的特征，而归根结底，它颠覆了天主教普世主义所主导的历史叙事。

宗教论战的动力最初主要来源于马丁·路德（Martin Luther）抗议教派与天主教内的改革派所支持的教义及其历史的辩论。这种教会史的论战化特点产生了关于历史的各种对立解释，进而在各宗教派系之间造成很大的混乱和分歧。从宏大的层次看，这种分歧实际上是一种多元化特征的表现，即不同的学者对古代和中世纪的教会史产生了广泛而丰富

---

[1] ［美］唐纳德·R. 凯利：《多面的历史：从希罗多德到赫尔德的历史》，陈恒、宋立宏译，生活·读书·新知三联书店2003年版，第310—311页。

的解释。例如，伊拉斯谟在《圣经》和早期教父文献方面建立了人文主义研究的杰出典范。[1]在他之后，各国都出版了关于教会起源、基督教古物等主题的著作，这些著作体现的是各个教派、天主教修会、宗教机构或世俗统治者的利益。在这一过程中，学者们逐渐开始从"历史技艺"的论述中寻找民族史书写的原则与方法，史料辨析、文本批评成为教会史辩论与书写的必备工具。19世纪科学化史学的特点，因而最早是在16世纪的民族教会史书写中得到体现的。

在英国国教会兴起并得到确立的过程中，关于"民族教会"的问题主要表现为关于英国国教会的开端、国教的信经、国教会的组织架构和宗教实践的讨论。在16世纪初，《圣经》翻译家威廉·廷代尔（William Tyndale）将圣经经文视为唯一的教义和仪式的权威，认为教会唯一适合的组织标准是"使徒传统"（Apostolic Tradition）。[2]他认为，秉承使徒传统的英国教会（指传说中部分布列吞人的基督教会）在中世纪发生了衰落，教皇通过派遣奥古斯丁到英国传教，实现了腐化英国教会的阴谋。但是，总有少数英国教徒为了使徒教会的连续性而不断地奋斗，他们强调"可见的教会"（church visible）与作为基督身体的教会之间的差别。[3] 新教学者理查德·胡克（Richard Hooke）则将英国国教会视为具有历史传统的机构和一套制度，它处在腐朽罗马教会与激进的德意志路德派中间的地带。[4]亨利八世主导的宗教改革则实现了英国民

---

[1] ［美］唐纳德·R.凯利：《多面的历史：从希罗多德到赫尔德的历史》，陈恒、宋立宏译，生活·读书·新知三联书店2003年版，第313—314页。

[2] 在基督教中，"传统"（Tradition）指《圣经》的教导。《圣经》教导不仅以经文的形式出现，也包括按照经文生活的人物生平。如使徒保罗曾说："你们该效法我，像我效法基督一样。我称赞你们，因你们凡事纪念我，又坚守我所传给你们的。"（哥林多前书11：1—2）保罗还在另一个场合说："凡所领受的教训，不拘是我们口传的，是信上写的，都要坚守。"（帖撒罗尼迦后书2：15）"使徒传统"就与使徒保罗在《新约》各书信中所传的福音以及他本人所行的事功有关。

[3] 关于"作为基督身体的教会"，使徒保罗曾说："（上帝）将万物服在他（基督）脚下，使他为教会作万物之首。教会是他的身体，是那充满万物者所充满的。"（以弗所书1：22—23）后来的学者又把基督为首的教会成为"不可见的教会"（church invisible），它的成员都能得救；与之相对的是"可见的教会"（church visible），其成员中只有一部分能得救。16世纪新教学者的意思是，保存使徒传统的少数教徒属于永恒的不可见的教会，而在英国历史上不断变迁的是可见的教会。

[4] Ernst Breisach, *Historiography: Ancient, Medieval, and Modern*, Chicago: University of Chicago Press, 1994, p.168.

族教会与罗马教会的分离。当时亨利的主要大臣托马斯·克伦威尔（Thomas Cromwell）在为《禁止上诉法案》（Act in Restraint of Appeals, 1533 年）写的序言中，援引了中世纪编年史来为英国民族教会寻找正当性，指出英国教会优于罗马教会。伊丽莎白在位时期的教会史家约翰·福克斯则把自己的《殉教者之书》作为英国教会纯洁性的一种见证。①坎特伯雷大主教马太·帕克的研究小组在 1572 年出版的《古代不列颠教会》（De antiquitate Britannicae ecclesiae），则是通过保存史料的办法，为民族教会确立合法地位。这一点可参见本书第四章的论述。

可见，神学辩论在结合历史研究以后，历史的重要性逐步增加。上述新教学者和教会史家事实上继承了一种基督教史观，即认为在所有的历史中存在上帝的预先安排。关于不可见教会永恒性的观念，与中世纪预定论历史在思路上有重合之处。但英国学者把预定论用来阐释民族教会的连续性，这与基督教史观中的普世主义是有区别的。换言之，他们抛弃了普世主义中的罗马教会中心说。福克斯在这一过程中倡导史料的搜集和选择，帕克大主教则重视文本的校订与整理，并复兴了古英语知识，在此基础上，17 世纪初的博学好古研究者在教会史书写方面做出了更大贡献。

第二节　博学好古研究与教会史书写

一　厄谢尔的教会史书写

詹姆斯·厄谢尔（James Ussher）是爱尔兰都柏林人，他的祖父和舅父都参与创建了都柏林三一学院，因而厄谢尔是该学院最早的学生之一，并成长在一个天主教与新教争论的氛围中。他自己是天主教徒。他曾任都柏林三一学院教授（1607—1621 年），继任阿尔马大主教（1625 年起）。他和英格兰的天主教博学好古研究者建立了友谊，例如约翰·

---

① ［美］唐纳德·R. 凯利：《多面的历史：从希罗多德到赫尔德的历史》，陈恒、宋立宏译，生活·读书·新知三联书店 2003 年版，第 311—312 页。

塞尔登和亨利·萨维尔（Henry Savile）都是他的好友。①厄谢尔希望通过博学好古研究来认清他那个时代宗教领域的争议。因为宗教争议，17世纪上半叶爱尔兰信仰天主教的贵族的立场已经很不稳固；厄谢尔发现了这种状况，所以他的几部教会史著作的直接目的都是说服这些爱尔兰精英，加强他们的天主教信仰。

厄谢尔在其学术生涯的早期，出版了一部题献给詹姆士一世国王的教会史著作：《基督教会演进史》（De Christianarum Ecclesiarum）。这部著作是在柯顿与卡姆登的鼓励下完成的，并参考了德意志教会史家斯莱丹努（Sleidanu）的著作；作者力图展现一个独立于罗马教会影响之外的"真正信仰"的教会史，证明英国教会处在"不可见教会"的永恒线索上。②可见，英国的部分天主教徒在民族教会的问题上并不会完全站在教皇一边。

厄谢尔在博学好古研究方面最重要的教会史著作有两部。其一是《论自古即为爱尔兰人与不列颠人所信仰的宗教》（A Discourse of the Religion Anciently Professed by the Irish and British，1623年、1631年），其二是《回应一位爱尔兰耶稣会士的挑战》（An Answer to a Chanllenge Made by a Jesuit in Ireland，1625年）。厄谢尔在撰写中使用了尽可能早期的材料，尤其是6世纪的季尔达斯和科伦巴努斯（又译科伦班，Columbanus）、7世纪的阿达姆那努斯（Adamnanus）和9世纪的塞都利乌斯·斯哥图斯（Sedulius Scotus）的编年史。③这两部著作希望消除耶稣会的爱尔兰史家理查德·斯坦尼赫斯特（Richard Stanyhurst）、爱德蒙·坎皮翁（Edmund Campion）和菲利普·奥沙利文·比尔（Philip O'Sullevan Beare）的教会史中的罗马教会因素。厄谢尔记述道，纯洁的基督教会在很早的时期就传入了爱尔兰，这个教会在诺曼征服之前都未受到罗马人的腐蚀或玷污。所以，古代爱尔兰人的宗教与隔海相望的布列吞人的宗教几乎没有区别。

---

① Graham Parry, *The Trophies of Time: English Antiquarians of the Seventeenth Century*, Oxford, New York: Oxford University Press, 1995, p. 134.
② Ibid., pp. 141–142.
③ Ibid., pp. 135–137.

在这两部著作中，厄谢尔反驳了爱尔兰耶稣会史家关于"圣帕特里克涤罪所"（St Patrick's Purgatory）的寓言。① 他通过仔细阅读早期编年史材料，推测认为涤罪所的教义在早期教会中是不存在的。厄谢尔也客观地指出，在早期教会史上，并非所有的事实都是令人欣慰的。例如，大约公元400年时爱尔兰有一名土生土长的"异端"塞莱斯提乌斯（Celestius），他贬低上帝的慈爱，拔高人类的能力。他在书中将所有支持自己观点的材料转抄下来，希望让那些不同意他的学者（特别是耶稣会士）来检查。② 为此，厄谢尔还特别在1632年出版了史料集《古代爱尔兰书信大全》（*Veterum Epistolarum Hibernicarum Sylloge*）。1639年，厄谢尔又出版了《不列颠古代教会》（*Britannicarum Ecclesiarum Antiquitates*），这部著作实际上讲述的是爱尔兰的古代教会史。

从教会史的学术传承上讲，厄谢尔是马太·帕克的传人。厄谢尔通过自己的研究将爱尔兰和英格兰的古代教会历史融合在一起，置于统一的英国国教宏大线索内部，从而描绘了一个纯洁的古代教会的完整画面。在他的眼中，纯洁教会必须忠实于命定论（可见他反对劳德运动）、仁慈、宽恕、信念、劳动、赎罪、拯救等教义；他进而指出，类似于圣奥古斯丁这样的教父神学理论体现了上述教义，所以他提倡英国国教会的宗教实践应遵循教父神学。

二　斯倍尔曼对宗教大会的研究

亨利·斯倍尔曼（Henry Spelman）对教会史的博学好古研究的重要贡献主要在于有关宗教大会的研究，并为此搜集了许多材料，形成大量博学好古笔记。他曾在剑桥大学的三一学院学习法律，毕业以后担任过沃斯特地方治安法官。1612年，他到伦敦居住并结识了罗伯特·柯顿。他在1617年受委托调查过爱尔兰存在法律争议的地产，也参与过与王室征地有关的地产案。1627年后则成为圭亚那公司（Guiana Com-

---

① "圣帕特里克涤罪所"寓言说，爱尔兰圣徒帕特里克曾看到过一个幻象，幻象向他保证：所有访问过悔罪与信仰精神之中的某一圣殿的，都将被赐予赦免他们的罪过的恩惠。帕特里克是公元4—5世纪爱尔兰教会史上半传说性质的人物。

② Graham Parry, *The Trophies of Time: English Antiquarians of the Seventeenth Century*, Oxford, New York: Oxford University Press, 1995, pp. 137–139.

pany）的司库。1641 年他在伦敦去世，被葬在威斯敏斯特教堂。他的上述任职经历对其法律制度史研究有很大影响。

在教会史方面，斯倍尔曼在自己的法律实践中体会到了英国国教教会法的混乱状况，这可能是他研究教会法的法源——宗教大会的动机。《宗教大会》（*Concilia Ecclesiastica*）就是这样一部作品。他在这部著作的序言中，曾提到比他年长的英国神学家兰斯洛·安德鲁斯（Lancelot Andrewes）鼓励他来完成这项研究。由于斯倍尔曼的国教立场，此书实际上同索姆纳的《坎特伯雷古物》一样，都是"劳德运动"的学术产物。[1]

《宗教大会》是斯倍尔曼的一部未完成著作。他在序言中计划写三卷，以此涉及诺曼征服之前的历史、宗教改革之前的历史和直至查理一世在位期的历史。全书力图在这样的结构下，列举出作者关于历史上宗教大会的史料。但是，斯倍尔曼发现，相对保存完整、容易获得的大陆宗教大会（指有英国主教参加的那些会议）文献而言，英国主教团自己召开的会议文献很难搜集。虽然他调查了英国各主教堂的档案、柯顿图书馆的抄本、牛津剑桥的抄本，然而，依然无法复原英国本土主教团会议和国王立法的细节。斯倍尔曼在全书的一开始，按照比得的《英吉利教会史》，对盎格鲁-撒克逊时代的教会历史进行了概述。他强调了在这一历史时期，6 世纪末奥古斯丁的传教和肯特王国皈依基督两个历史事件具有重大意义。之后他列出了关于盎格鲁-撒克逊时代教会史的文献，例如卢西乌斯王（Lucius）致罗马主教埃勒塞里乌斯（Eleutherius）的书信，请求信仰方面的指导。现代学者发现，斯倍尔曼在古英语上获得了威廉·索姆纳的帮助，尽管那时索姆纳的词典还未面试，但斯倍尔曼常常咨询后者关于词汇和语法的问题。[2]即便如此，斯倍尔曼寻找、辨认和翻译古英语抄本仍然花费了很多年，以致最后此书未能出版。

斯倍尔曼之子克莱门特（Clement Spelman）继承了父亲的衣钵。亨

---

[1] Graham Parry, *The Trophies of Time: English Antiquarians of the Seventeenth Century*, Oxford, New York: Oxford University Press, 1995, pp. 167 – 170.

[2] Ibid., pp. 170 – 173.

利·斯倍尔曼的大量手稿,曾通过克莱门特的整理和续写才得以出版。例如本书将在下节论述的《渎圣的历史和宿命》(History and Fate of Sacrilege) 就是如此。克莱门特利用亨利的研究成果和未发表的大量笔记,记叙了诺曼征服直至当代的劫掠、毁坏教堂与修道院的"渎圣"行为。他还通过文献考证得出,自己的家族中就有三名成员在破坏教堂的暴行中遭到杀害。关于亨利八世解散修道院的行动,克莱门特认为,虽然亨利国王在刚即位时是一名敬畏上帝的国王,做了许多荣耀英国的伟大事业,但是当国王敌视教会时,英格兰就开始充满骚乱。而且,亨利八世没有孙辈(如伊丽莎白一世未婚、无子嗣)。克莱门特认为,这是上帝对其"渎圣"政策的神圣审判。[①]本书将在本章第三节中进一步论述此书的内容与方法。

三 塞尔登的什一税研究与比较宗教学

约翰·塞尔登在教会史方面的最大贡献,其一是对教会的什一税征收制度的研究,其二是比较宗教学著作《叙利亚诸神》(De diis Syriis)。

塞尔登在 1618 年出版的《什一税史》(Historie of Tithes),论述了关于什一税征收的所有已知事实,包括这一制度的起源、传播,它在不同社会中的地位,直至书写年代的演变过程等问题。塞尔登是因为不满神职人员过去在这方面的表述而写这部作品的。由于此书涉及各个地区的什一税制度,因此它与下文将要提及的《叙利亚诸神》都可算作比较研究,都反映了作者掌握多门语言的能力。

塞尔登在这部作品的开始部分,先以希伯来语版本的《圣经》为材料,对什一税进行了基础性论述。由于希伯来语是当时被普遍承认的最古老的语言之一,所以作者在什一税起源问题上已经确立了学术权威。在《圣经》中,塞尔登将什一税回溯到亚伯拉罕向麦基洗德(Melchizedek) 的进贡:

---

① Graham Parry, *The Trophies of Time*: *English Antiquarians of the Seventeenth Century*, Oxford, New York: Oxford University Press, 1995, pp. 162 – 163.

亚伯兰打败了哥头剌马等四大王，……撒冷城的义王（麦基洗德）作为至高者上帝的祭司，……为亚伯兰祝福道："愿亚伯兰蒙受造物主至高者的赐福！愿至高者上帝永受赞颂，因他把敌人交到你的手中！"亚伯兰将所得的十分之一献给了义王。①

塞尔登对上述材料的最后一句话进行了语言学和法学方面的仔细研究。作者提问："所得的"在《创世记》所记诸事件的语境下，是什么意思？应该理解成"战利品、掠夺物"呢，还是"亚伯拉罕的财产"？如果指的是有了亚伯拉罕的财产，那么它只是与"上帝的活物和地上长出的东西"有关吗？塞尔登利用希伯来语，更深入地阐释这个句子的意思，接着他又引入了犹太评注家的相关注释。他还参考了古叙利亚语和阿拉伯语的圣经译本。塞尔登最后是通过比较各语言所代表的民族习惯法，得出了自己的结论。

从这一点出发，塞尔登开始研究古代世界各民族的什一税制度；他发现这种制度分布广泛，形式多样。对于每个民族而言，它都会涉及下述问题：谁是什一税的征收者？征收的目的是什么？缴税是自愿的还是法律强制的行为？结果塞尔登发现，什一税不一定是一个宗教制度，因为世俗政府同教会一样都征收过什一税。而且塞尔登无法找到什么证据来证明，在什一税存在的最初400年中，这笔税款是交给教会的。尽管教父神学家认为什一税是维持教会的一种正当手段，但是在古典时代晚期，这一制度并不连续，而且在很多情况下被征收人自愿上交税款。直到查理大帝时代，什一税才成为教会的固定财政收入；此后的400年间，什一税制度开始逐渐在整个北欧扩散。塞尔登认为，13世纪以后普及全欧的什一税制度实际上是教皇政策的胜利，体现的是教皇对各个民族教会的控制。关于英国的什一税制度，塞尔登提出，它大约在撒克逊时代中期建立起来，但其发展也不连贯。按教区征收的常规什一税，

---

① 创世记14：17—20。着重号为笔者所加。关于"什一税"的《圣经》论述，也可参见创世记28：18—22，利未记27：30—33。参见冯象《创世纪：传说与译注》，江苏人民出版社2004年版，第248页。

到亨利三世国王在位期（1216—1272年）才开始。这就反驳了神学家的观点，后者认为什一税是一种远古就有的制度，随着教会的成长而发展。①

塞尔登在1617年出版的《叙利亚诸神》体现了东方语言和历史对理解基督教历史的必要性。②但对于基督教以外宗教历史的研究，当时的英国博学好古研究者中未体现出集体的兴趣。本书在前面提到，英国博学好古研究者受民族主义的影响，其讨论的主题大多限制在英伦三岛范围内。所以，塞尔登在撰写这部关于东方宗教的著作时，既没有先例可以模仿，也没有同时代成果可以借鉴。

《叙利亚诸神》讲述的是与《圣经·旧约》有关的中东多神教的研究。《旧约》中提到在信仰耶和华的以色列人周围，存在很多以崇拜偶像为主要特色的多神宗教。塞尔登写这部著作，是要通过理解以色列周边宗教，而体现出以色列一神教"独善其身"的品质，从而读者可以更完整地理解基督教史，并赞颂对以色列人上帝的信仰才是真正而纯洁的。从这部著作的博学程度可以看出，塞尔登对于东方语言史料非常熟悉，运用自如。他最熟知的东方语言是古希腊语、希伯来语和古叙利亚语。从现代学术的视角看，《叙利亚诸神》属于比较宗教学研究，它与当代人类学著作《金枝》(*The Golden Bough*)有着隐隐约约的联系。

塞尔登在《叙利亚诸神》中对每一位受到崇拜的神都进行了评述，并定义了它们各自的特殊力量与"势力范围"。例如，塞尔登考察了重要的神在地方上发展出各种变体的情况（如"巴尔"〔Baal〕和"阿什托雷斯"〔Ashtoreth〕），并解释说，"变体"是对于已存在信仰和仪式的"反应"。他还列举了关于赫丘利（Hercules）神崇拜的各种变化，这是为了说明新宗教穿越整个地区的过程；而且新神在东地中海地区也非常容易得到接纳。塞尔登对非利士人崇拜的鱼神"Dagon"非常感兴趣，他无法准确判断此神的起源，只能推测它必定与某个海上民族有关

---

① Graham Parry, *The Trophies of Time*: *English Antiquarians of the Seventeenth Century*, Oxford, New York: Oxford University Press, 1995, pp. 120 – 122.

② 关于对这部作品的详细介绍，参见 Graham Parry, *The Trophies of Time*: *English Antiquarians of the Seventeenth Century*, Oxford, New York: Oxford University Press, 1995, pp. 116 – 118。

联。在说到东地中海地区的"污秽神灵（dirt-gods）"时，塞尔登列举了"巴尔-塞布波"（Baal-Zebub）、"飞禽之神"（Lord of the Flies）、贝留斯·斯特科留斯（Belus Stercoreus）、朱庇特·斯特科留斯（Jupiter Stercoreus）和阿什莫丢斯（Ashmodeus）。塞尔登客观地指出，这些神在当地居民的眼中是有正面影响的、能够免除疾病与害虫困扰的保护者；这一点体现出塞尔登此书具备的现代人类学的研究特色。塞尔登还辨认出，某些名字不同的神的特征与"功能"有相似之处，从而推定它们实际上有同样的起源。例如他认为，"奥西利斯"（Osiris）、"阿多尼斯"（Adonis）和"塔木兹"（Thammuz）起源相同，而且它们与"维纳斯"（Venus）和"普罗赛皮娜"（Proserpina）属同一大类，即与丰产、季节性祭祀有关的神。

第三节 对基督教古物的关注

在16、17世纪的英国，对基督教文物产生重大威胁的运动主要有两次，其一是16世纪30—40年代亨利八世主导的解散修道院运动，其二是伊丽莎白统治后期、内战时期和共和国时期均有发生的清教徒的破坏偶像运动。解散修道院运动造成了教会地产的大量流失，也成就了一批新贵族，为英国的资本主义原始积累做了铺垫。清教主义破坏偶像的做法则造成了非修道院的宗教机构（如教堂、礼拜堂）内具有精美艺术价值文物、建筑的彻底毁坏，也使英国乡村一些中世纪之前的古代遗迹湮没无闻，或在大兴土木的过程中被移作他用。亨利·斯倍尔曼从教产流失的角度进行了教会史的考察，约翰·维弗尔则像16世纪中叶的约翰·利兰那样，亲自到各主教堂进行实地调查，保存了大量文物的文字信息和版画稿。另外，在本书论述时间范围之外的威廉·达格代尔，则实地调查了英国各地的修道院，写成《英国修道院》（*Monasticon Anglicanum*，1655—1673年）这一重要作品。

一 对侵犯教产行为的谴责

前文提道，亨利·斯倍尔曼从事过多项与地产有关的法律实践，再加上他本人的天主教倾向，他感到有必要用博学好古式的历史研究来证明：教会地产从来就属于上帝，任何人对上帝财产的侵犯和破坏，必然会遭到惩罚。这是因为在修道院解散运动后，大片修道院地产被王室卖给私人买主；这些遭到拍卖的地产中，包括很多维持神职人员薪俸的土地。在修道院神职人员和修士解散或还俗的背景下，与土地相连的什一税和特权却没有消失，它们被获得土地的平信徒占有。土地新贵在占有教产的时候，会因为普通法和教会法之间的矛盾而遇到困难；新主人的基督教信仰也会受到挑战。例如斯倍尔曼的舅舅弗朗西斯·桑德斯（Francis Sanders）在诺福克购买了一处牧师府邸与供应原主人薪俸的土地。桑德斯在这片土地上新建建筑之前，曾向斯倍尔曼询问他在这一问题上的权利。①斯倍尔曼对此深有感触，于是在1613年出版了《不应被侵犯的教会》(De Non Temerandis Ecclesiis) 系统回答这类与基督教信仰有关的问题。这部作品没有过多地关注法律个案，而是论述了教产的神圣性问题；斯倍尔曼认为后者更为重要。他提出，所有的"精神的用于维持生计的东西"，"即由土地、什一税和其他的人民供物组成的东西"是"各自鼓励的，也是献给上帝的……为了在那里的上帝的教会的服务，也为了维持监督者或管理者的生活"。②

在斯倍尔曼去世后的1641年才出版的《论葬礼》("De Sepultura") 一文，也记录了他关于教产被滥用的思考。文中说，在17世纪30年代，斯倍尔曼曾作为特派员调查某些地区对地产强征费用的情形。他发现，教堂周围的空地和教会用于耕种的土地，如今沦落到了被王室出售用于埋葬死者的地步。他认为这是对教产神圣性的亵渎；他还希望这种对于基督教礼仪严谨性问题的思考，能够成为"劳德运动"的一部分。③

斯倍尔曼关于教产的最重要著作则是《渎圣的历史和宿命》，它的全称是：《从圣经中发现的，关于异教徒和基督徒的渎圣的历史和宿命例证；从创世直至当今》(The History and Fate of Sacrilege, Discovered by

---

① Graham Parry, *The Trophies of Time: English Antiquarians of the Seventeenth Century*, Oxford, New York: Oxford University Press, 1995, pp. 159 – 160.
② Ibid., p. 161.
③ Ibid., pp. 165 – 166.

Examples, of Scripture, of Heathens, and of Christians; from the Beginning of the World, Continually to this Day）。此书写于 1632 年，但直至 1698 年才有亨利·斯倍尔曼之子克莱门特整理成书。而其经过校订和注释的现代英语版，则是于 19 世纪四五十年代才第一次问世。[①]这部著作共分为八章，依次叙述渎圣的定义与类型，因此受到的报应的定义与类型，圣经中涉及的渎圣及其宿命，古典时代"异教徒"的渎圣行为，中世纪基督徒的渎圣行为，英国的亨利四世至宗教改革时期的渎圣，亨利八世的渎圣行为，诺福克郡拥有修道院教产者受到的报应，伊丽莎白时期的渎圣行为等内容。[②]斯倍尔曼对亨利八世的政策特别忿恨，他专论亨利八世的第五章中分别叙述了：

第Ⅰ部分　亨利八世对教会土地的亵渎与大踩躏
第Ⅱ部分　国王的子孙后代身上发生了什么
第Ⅲ部分　国王的主要代理人身上发生了什么
第Ⅳ部分　出席 1531 年 5 月 23 日星期五亨利八世召开的议会上院中神职议员的姓名，当日国王通过了关于修道院等事项的法兰
第Ⅴ部分　1531 年 5 月 23 日出席议会的上院世俗议员
第Ⅵ部分　国王自己身上发生了什么
第Ⅶ部分　整个王国总体上发生了什么
第Ⅷ部分　具体修道院地产私人所有者身上发生了什么

该书的附录则以列表的形式举出了教产流失后的所有者遭受的报应，最后还情绪化地加上了几篇拉丁语"诅咒"，也就是古人曾说过的"渎圣者"必然遭遇到的宿命。

二　挽救墓葬纪念碑

不过，斯倍尔曼并没有具体讲出应该得到保护的教会财产的细节，他也没有写过相关的著作，也未表达过写这样的著作的计划。这方面的

[①] Henry Spelman, *The History and Fate of Sacrilege*, Joseph Masters, 1853.
[②] 后来的整理者还加上了有关内战和共和国时期的渎圣历史。

研究，在 17 世纪上半叶主要是由约翰·维弗尔完成的。在 16、17 世纪的英国，很多国家承认的名人是葬在各个教堂内的。他们的遗体一般置放于教堂地下室，他们的人像和纪念碑（通常以纪念碑底座和上部的人物全身雕塑出现）则放在教堂大厅四周供人瞻仰。英国人把这种纪念形式称作"墓葬纪念碑"（funeral monuments）。纪念碑上通常镌刻有墓志铭，家族纹章和与死者生平有关的其他装饰。铭文和纹章在博学好古研究方面的作用不言而喻。对于建筑家而言，教堂中的墓葬纪念碑还有为整座教堂不同部分的建造年代定位的功能。[1]

约翰·维弗尔在 16 世纪末就开始对墓葬纪念碑感兴趣。为此，他在 1630 年之前进行了大规模的纪念碑铭文收集与誊抄。他游历了英格兰、苏格兰、法国、低地国家和意大利地区。尤其在英格兰，他走遍了各个主教区收集信息。基于上述实地调查的笔记，他在 1631 年出版了《古代墓葬纪念碑》（Ancient Funeral Monuments）一书，从而保存了大量后来被破坏或故意打磨掉的纪念碑铭文。[2]在"致读者信"（The Author to the Reader）中，他指出自己的叙述方式较为混乱；他在这里的意思是，没有按照历史事件的发生逻辑来展现过去，而是运用了博学好古传统的撰史方法，换言之，维弗尔实际上达到的效果是"形散而神聚"。他说，"遗忘"（oblivion）仿佛是博学好古研究者永远的敌人，为此，博学好古研究者只有依靠记录纪念碑铭文的方式，赶在"遗忘"把它们毁灭之前力挽狂澜。维弗尔还用伊丽莎白一世在位时期发布的保护文物的法令来证明自己的正义性：女王曾在 1559 年发布关于《反对打破和损毁古代的纪念碑》（Against the Breaking and Defacing of Monuments of Antiquitie）的法令。维弗尔认为有必要在他所处的清教主义逐渐占据上风的时代，重新援引这一法令，以提醒读者，保护纪念碑是一种具有正义性和社会价值的事业。[3]

---

[1] Rosemary Sweet, *Antiquaries: The Discovery of the Past in Eighteenth – Century Britain*, London: Hambledon and London, 2004, pp. 272 – 273.

[2] Wikipedia contributors, "John Weever", 2010 – 3 – 25, *Wikipedia: The Free Encyclopedia* (http://en.wikipedia.org/wiki/John_ Weever).

[3] Graham Parry, *The Trophies of Time: English Antiquarians of the Seventeenth Century*, Oxford, New York: Oxford University Press, 1995, pp. 192 – 193.

维弗尔所谓的"社会价值"指墓志铭所体现的历史上的美德。至于"正义性",则除了女王的权威以外,还包括容纳墓葬纪念碑的那些教堂和修道院所体现的中世纪人对基督教的虔诚与热情,他说:

> 我认为我们忘记我们的祖先,以及我们自己是有基督教誓言这一点是不适宜的;没有现存关于他们向上帝热情奉献的任何更显著的和更确定的纪念碑也是不适宜的;除了这些带有他们的捐献(为了维持宗教人士的生活)的修道院以外,就没有任何其他的温床了,在这些温床里基督教和良好的文学在我们整片岛屿上增值与传播。也没有其他任何关于虔诚的行为比修建教堂、小礼拜堂和诸如此类的大建筑更能使全能的上帝接受了,这些建筑才是真正的功德。①

《古代墓葬纪念碑》明显表达了对中世纪教会的同情,这种态度自亨利八世宗教改革以来在英国知识界是非常少见的。维弗尔之所以能够具备这种同情心,是因为他的博学好古研究给他带来的宽容心。对他而言,天主教已经不再是英国国教会的主要敌人,使他更为担心的是清教徒。虽然清教徒要求一种朴素而纯洁的宗教,但是他们破坏偶像的做法实际上是在破坏英格兰民族的记忆。维弗尔进而认为,亨利八世和爱德华六世时期,王室政府对待修道院文物和建筑的做法,就是一种偶像破坏运动,它将使子孙后代无法获得祖先留下的光辉遗产。②

因此,维弗尔在此书中为英国国教会辩护时,带着对清教徒的厌恶情绪。带有这种情绪的句子在书中反复出现。对维弗尔这样的博学好古研究者而言,清教徒对图像的敌意好像就是对博学好古研究的敌意。而且,清教主义一般也不把物质遗存视为民族自豪感和历史权威性的载体。维弗尔说,清教徒"发誓不再建造教堂;发誓推倒十字架,并损

---

① John Weever, "The Author to the Reader", *Antient funeral monuments, of Great - Britain, Ireland, and the...*, William Tooke, ed., London, 1767, part a.

② Graham Parry, *The Trophies of Time: English Antiquarians of the Seventeenth Century*, Oxford, New York: Oxford University Press, 1995, pp. 194 - 195.

坏或严重破坏所有的墓葬纪念碑，发誓并主张上述所有的东西都是反基督的残留是教皇教的，是应受诅咒的"。①于是，维弗尔同斯倍尔曼类似，忿恨地警告清教徒：毁坏坟墓的惩罚将是死刑、流放、砍手或罚入矿山；他也引用古罗马的拉丁语诅咒来表达自己的情绪：破坏纪念碑的人将被"来自天上的光芒照射至死；死后他们应被恐吓，上下投掷，在地狱中被复仇女神亲自用燃烧的火炬折磨"。②

维弗尔还指出，在他的时代，很多教堂没有得到有效的维护和装饰（按英国国教的礼仪）。所以他也希望自己的书能够帮助读者理解，"劳德运动"的目的之一就在于使教堂变得更为得体和有序。他带着悲伤的情绪记载了很多教堂的破败情形，例如他曾说，某个教堂的陈设品过于简陋破旧："一只小小的银质圣餐杯，一条被踩平的讲道坛垫子，一件穿得很旧的圣餐服和一件粗制的白法衣：这些是我们大多数教堂中的所有值钱的东西和用品。"③而且，他在亲自调查的过程中发现，并非所有的地方执法者或教堂管理人都支持他的做法："我曾经在多个教堂中被教区的教堂看守人逮住，不允许我抄写墓志铭，也不允许查看我非常想看的纪念碑，因为我需要一份授权书。"④因此，他非常羡慕约翰·利兰，因为后者的实地调查得到了国王的授权。⑤

维弗尔在1631年出版的《古代墓葬纪念碑》并非孤立的研究。实际上，从1600年开始，博学好古研究者学会已经开始探讨与墓葬纪念碑相关的主题，只是维弗尔一直不在学会成员之中。如1600年学会的议题包括：⑥

---

① John Weever, "A Discourse on Funeral Monuments", *Antient Funeral Monuments*, pp. xxxvii - xxxviii.

② Ibid., p. lxvi.

③ Graham Parry, *The Trophies of Time: English Antiquarians of the Seventeenth Century*, Oxford, New York: Oxford University Press, 1995, p. 205.

④ John Weever, "The Author to the Reader", *Antient funeral monuments, of Great - Britain, Ireland, and the...*, William Tooke, ed., London, 1767, part b.

⑤ Graham Parry, *The Trophies of Time: English Antiquarians of the Seventeenth Century*, Oxford, New York: Oxford University Press, 1995, p. 206.

⑥ Thomas Hearne, "Mr. Hearne's Preface", *A Collection of Curious Discourses Written by Eminent Antiquaries Upon Several Heads in Our English Antiquities*, Vol. 1, London: T. Evans, 1773, pp. lx - lxi.

XXIV. 英格兰葬礼的古代状况、种类和仪式 1600 年 4 月 30 日

XXV. 英格兰坟墓和纪念碑的古代状况和种类 1600 年 6 月 7 日

XXVI. 墓志铭的古代状况和经过挑选的种类 1600 年 11 月 3 日

XXVII. 纹章及其下方的警句 1600 年 11 月 28 日

XXVIII. 英格兰合法搏斗的历史、用途和意识 1600 年 2 月 13 日

卡姆登则在 1605 年出版的《英格兰的遗存》(*Remains Concerning England*) "墓志铭" 一章中保留了他在学会会议中讨论的研究成果。现代有学者指出，卡姆登的这一章有可能启发了维弗尔，维弗尔在卡姆登的研究基础上进行了大规模的扩充。上述情况都说明了 17 世纪早期知识界对坟墓和铭文逐渐增长的兴趣。[①]

本章小结

宗教改革使英法等地的教会获得了行政上的独立性，世俗统治者为此支持并资助学者从历史上证明本国教会的原始性和纯洁性；另外，有些学者也希望证明本国教会堕落到腐朽状态的历史过程，以呼吁更深入的改革。这使教会史书写带有民族主义色彩，民族教会史数量增加，关于古代教会的讨论则促进了博学好古研究。英国的解散修道院运动和清教主义还使关于教产制度与教堂古物的研究非常紧迫。

英国学者在国教会的开端、信经、组织架构和宗教实践方面，对民族教会史做了很多论述。他们仍然相信历史预定论，但抛弃了普世主义的罗马教会中心说，而用预定论阐释民族教会的连续性。他们努力证明英国国教会处在永恒的"不可见教会"线索上。

关于英国民族教会的博学好古研究，主要表现为教会史书写、比较宗教研究和教产文物研究三个方面。首先，在教会史书写上，詹姆斯·

---

① Graham Parry, *The Trophies of Time: English Antiquarians of the Seventeenth Centur*, Oxford, New York: Oxford University Press, 1995, pp. 210 – 211.

厄谢尔通过《论自古即为爱尔兰人与不列颠人所信仰的宗教》等作品，一方面梳理了当时宗教领域的争议，另一方面则加强了爱尔兰精英的基督教信仰。厄谢尔融合了爱尔兰和英格兰教会的历史，以统一的英国国教为线索，描绘了纯洁的古代教会的完整画面。塞尔登则考察了什一税的历史，表明这一教会传统权利虽然在历史上产生很多变化，但还是来自上帝，而从制度史的角度为国教会做了辩护。亨利·斯倍尔曼通过《宗教大会》研究了教会法法源，这部著作与索姆纳的《坎特伯雷古物》都是劳德大主教加强传统和重视礼仪政策的一部分。

其次，在比较宗教研究方面，塞尔登的《叙利亚诸神》通过研究以色列周边宗教，而体现一神教"独善其身"的品质，从而有助于更完整地理解基督教史和赞美基督教。这部作品表明塞尔登对于东方语言史料非常熟悉，也具备了现代人类学的要素。

最后，在教产和文物研究方面，斯倍尔曼的《渎圣的历史和宿命》用文献材料复述了教产和文物受到破坏的历史以及降临在破坏者身上的惩罚。约翰·维弗尔在《古代墓葬纪念碑》中也用类似的方式警告了破坏者。虽然这是一种因果报应的观念，但是两位学者都采用原始史料证明自己的论点，这种意识是进步的。尤其对于斯倍尔曼而言，他的法学知识与普通法实践加强了他的说服力。《古代墓葬纪念碑》则保存了大量现已不存的墓志铭，在博学好古研究的历史上具有重要的史料意义；这部作品也是对17世纪上半叶关于墓葬纪念碑和铭文的博学好古研究的总结。

结　　论

　　文艺复兴时期，西欧的民族史书写与研究发生了重大变化。人文主义者对古希腊罗马文明的热情推动了语言学和文献学的兴起。在这种背景下，起源于希罗多德的博学好古撰史传统从弗拉维奥·比昂多开始复兴，它与起源于修昔底德的撰史传统平行发展。博学好古的撰史传统的特点主要包括：专门性的研究主题、系统性的内容、追溯起源、关注古代史、强调第一手材料、淡化叙事逻辑；修昔底德的撰史传统的特点则是：政治军事伟人主题、注重修辞、逻辑为先而材料在后、以当代史为主要内容。

　　博学好古研究传统在各国呈现不同的面貌。英法两国学者在博学好古研究中的成就最为卓越。其中，法国学者以中世纪的法律和罗马法为研究对象，英国学者则是以实地考察为基础，以地形地貌、罗马军事废墟、神秘石制遗迹和封建制度为研究对象。英国博学好古研究的演变，包括约翰·利兰的开创方法阶段，马太·帕克的资料积累阶段和威廉·卡姆登的建立研究范式阶段。亨利·斯倍尔曼、约翰·塞尔登等人的专题性研究是在卡姆登的范式下进行的。到内战之前，英国博学好古研究已经有了自己的学术团体、藏书机构和与大陆学界的频繁通信往来。

　　博学好古研究者关于古史的研究，则受到诸多因素影响：首先，罗马征服之前的英国史，受到中世纪的基督教历史观的很大制约。罗马征服之前的英国史或史前史，在这种学术氛围下未能取得重大进步。其次，地理大发现扩充了英国人的视野。博学好古研究者开始从美洲印第安人的外貌和社会状况中得到关于不列颠岛土著居民的情况。最后，民族主义情感使博学好古研究者不愿过分地赞颂罗马文明的成就，英国民族史也未能完全去除神话传说的因素。

17世纪上半叶，支持国王的学者与支持议会的学者则分别从各自的立场出发进行历史研究，支持国教会的学者则通过中古研究证明英国国教会来源于盎格鲁-撒克逊时代教会的纯洁性。古史研究在这种背景下受到冷落，中古研究和教会史书写与研究继而成为博学好古研究的新热点。坎特伯雷大主教马太·帕克的研究小组在16世纪下半叶的文献整理工作为17世纪上半叶的中古研究奠定了坚实基础，便利了以后的历史家和博学好古研究者的工作；他们还复兴了古英语，推动了古英语语言与文学研究。维斯特甘的中古研究具有民族主义特色；他证明了古英语具有高贵的血统。卡姆登关于威尔特郡的记述充分体现了他在后期如何运用语言知识来解释历史。索姆纳编纂了《撒克逊-盎格鲁语词典》，第一次综合性地解释了古英语词汇，使古英语成为继古典希腊语和拉丁语之后，英国博学好古研究者必须掌握的一门古代语言。

在教会史方面，英国学者在国教会的开端、信经、组织架构和宗教实践方面做了很多论述。他们抛弃了普世主义的罗马教会中心说，用预定论阐释民族教会的连续性。这方面的博学好古研究，主要表现为教会史书写、比较宗教研究和教产文物研究三个方面。在教会史书写上，詹姆斯·厄谢尔的著作梳理了当时宗教领域的争议，同时加强了贵族阶层的基督教信仰。约翰·塞尔登则考察了什一税的历史，从制度史的角度为国教会做了辩护。他的比较宗教学研究则通过研究以色列周边宗教，而体现了基督教在历史上作为一神教而具备的"独善其身"品质。在教产和文物研究方面，亨利·斯倍尔曼的《渎圣的历史和宿命》和约翰·维弗尔的《古代墓葬纪念碑》从不同的侧面警告了破坏教会文物的清教徒与世俗统治者；维弗尔的著作保存了大量现已不存的墓志铭，具有重要的史料意义。

关于文艺复兴时期之后博学好古研究的演变及其与民族史书写的关系，则主要表现为三点：

第一点，到18世纪，博学好古研究仍然与传统意义上的民族史书写互相独立。过于繁重的博学好古研究工作使绅士望而却步，启蒙思想家则在倡导理性主义历史时贬低博学好古研究。

关于文艺复兴时期博学好古研究与传统意义上的民族史书写之间的关系，徐波教授在其《博学好古研究与西方史学》一文中指出：

> 整个文艺复兴时期，博学好古研究和历史学作为两个独立的学科在发展。……由于两个学科在实践和传统上有上述差异，因此，两个学科在理论上也存在相应的严格区分……历史关注的是时间，而博学好古研究关注的是空间。空间比时间更重要，因此，瓦罗优于李维。独创性在大多数人文学科是最高的评价，所以，历史家往往以博学好古研究缺乏独创性，将其置于历史学科之下。[1]

上述说法很有说服力。在16、17世纪的英国"博学好古研究者"和"历史学家"两个词之间的区分尚未完成。[2]一些博学好古研究者，满足于找到和描述过去的遗存，但仅仅是到此为止。他们觉得没有必要对自己的描述做综合判断或者进行深入解释。这既使博学好古研究作品缺乏可读性，也使研究本身不受传统历史家的重视。历史家非常尊敬那些有着宏大的研究计划、鞠躬尽瘁的博学好古研究者，但他们的作品经常无法在生前完成，即便出版了也因为部头太大、可读性太差而无法获得读者市场。博学好古研究者在17世纪下半叶之后遭遇了下述发展阻力：

首先，对普通受教育的贵族阶层而言，博学好古研究存在"学识"（learning）和"学术"（scholarship）两个层次。英国绅士希望获得的是表征自己社会地位的"学识"，而不是需要花毕生精力才能掌握的"学术"。所以，博学好古研究的最终理想与"完美绅士"的理想之间存在差距。[3]其次，笛卡儿派学者，即"以哲学和理性为傲的人"是轻视博学好古研究的。[4]最后，启蒙思想家认为博学好古研究者是在为事实而积累事实；新历史学必须由启蒙思想家来写，以便从事实之中提炼

---

[1] 徐波：《博学好古研究与西方史学》，《四川大学学报》（哲学社会科学版）2005年第1期，第134页。

[2] Ernst Breisach, *Historiography: Ancient, Medieval, and Modern*, Chicago: University of Chicago Press, 1994, p. 177.

[3] Rosemary Sweet, *Antiquaries: The Discovery of the Past in Eighteenth-Century Britain*, London: Hambledon and London, 2004, p. 8.

[4] ［美］唐纳德·R. 凯利：《多面的历史：从希罗多德到赫尔德的历史》，陈恒、宋立宏译，生活·读书·新知三联书店2003年版，第382页。

出真理。①百科全书派认为博学好古研究是在卖弄学问,从事博学好古研究的学者背负着沉重的古代行李。②

可见,进入启蒙时代之后,博学好古研究仍然与传统意义上的民族史书写相互隔绝。因而,启蒙时代的英国民族史书写虽然承认博学好古研究成果,但是并不会使最终的作品成为死板的博学好古式作品。

第二点,18世纪英国民族史书写吸收了博学好古研究的要素和成果,但是影响最大的著作并非博学好古作品。杰出的历史作者在承认博学好古研究的同时,最终作品依然以可读性作为最高标准。

18世纪英国的主要历史作者包括大卫·休谟、威廉·罗伯逊和爱德华吉本。

大卫·休谟的最重要作品是四卷本《英国史》。这是一部18世纪最全面的英国通史。在《英国史》中,休谟对古代、尤其是中世纪采取否定的态度,认为神话传说不可靠;至于英国的盎格鲁-撒克逊时代只是"老鹰与乌鸦战斗"的时代。他表示,历史是从具有实证材料的文艺复兴时代才真正开始的。③关于英国宪法的古代历史,当时的辉格派学者认为,古代宪法中对自由的保障在历史中得到多次确认。休谟否定了这种看法,他认为,英国政治模式是由诸多因素共同塑造的;而这些因素是偶然的,并未按照某种"规划"一步步实施。这是一种经验主义的立场。休谟对博学好古研究的承认,则分散于他作品的一系列附录中。例如在他关于盎格鲁-撒克逊时代英格兰的章节之后,附有《盎格鲁-撒克逊时的政府与风俗》一文。这些附录与叙事性章节相比,文献证据更多;它们参考的博学好古研究者包括:亨利·斯倍尔曼、大卫·威尔金斯、林登布洛格、布拉迪等。④

威廉·罗伯逊大体与休谟属于同时代的人,他的历史著作主要有:

---

① [美]卡尔·贝克尔:《启蒙时代哲学家的天城》,何兆武译,江苏教育出版社2004年版,第78—80页。
② [美]唐纳德·R. 凯利:《多面的历史:从希罗多德到赫尔德的历史》,陈恒、宋立宏译,生活·读书·新知三联书店2003年版,第420—421页。
③ 郭小凌:《西方史学史》,北京师范大学出版社1995年版,第235页。
④ Denys Hay, *Annalists and Historians: Western Historiography from the Eighth to the Eighteenth Centuries*, London: Methuen & Co Ltd., 1977, p.178.

《苏格兰史》《查理五世在位时期史》《美洲史》和《印度古史研究》等。罗伯逊在以下几个方面向博学好古研究表示敬意：第一，他在历史体例上有所创新。每一章后面都附有注释和参考书目，以便于读者据此查考材料。这种做法此后一直为学者们所沿袭。[1]在《查理五世在位时期史》的参考文献中，我们见到了包括穆拉托尼、杜冈日、马比昂、达格代尔和斯倍尔曼登博学好古研究者的名字。[2]第二，他在运用史料方面一丝不苟，没有因为作品可读性的增强而损害严谨性和雄辩性。第三，他的《美洲史》表达了同情原始社会人类的"软原始主义"，这一点促成他对文化的比较研究，使这部作品具有静态研究的特点。[3]他与博学好古研究者类似，在古代日耳曼人和美洲印第安人之间找到了相似性。

可见，在休谟和罗伯逊那里，按年代和叙事逻辑叙述仍然是民族史书写的基本模式，但博学好古研究的成果受到重视，相关研究思路得到尊重乃至应用。罗伯逊则比休谟更进一步，他"逐渐向一种以学术为基础的叙述技术移进（如果说学术仍然从属于叙事的话），正向着创建一种描述过去的更敏锐的、适应力更强的、更科学的方法迈出着非常重要的一步"。[4]

关于爱德华·吉本的杰作《罗马帝国衰亡史》与博学好古研究的关系，由于他的日记已公之于众，因此我们可以比休谟和罗伯逊更清晰地体会到吉本的思想结构所受到的博学好古研究的影响。在吉本日记中，有下面四段记述值得关注：

（1）游学法国期间，用一季度的生活费用购买《铭文学会研

---

[1] 张广智、陈新：《西方史学史》，复旦大学出版社2000年版，第158—159页。
[2] Denys Hay, *Annalists and Historians: Western Historiography from the Eighth to the Eighteenth Centuries*, London: Methuen & Co Ltd., 1977, p. 184.
[3] Ernst Breisach, *Historiography: Ancient, Medieval, and Modern*, Chicago: University of Chicago Press, 1994, p. 216.
[4] Denys Hay, *Annalists and Historians: Western Historiography from the Eighth to the Eighteenth Centuries*, London: Methuen & Co Ltd., 1977, pp. 172–182.

究报告汇编》(*Memoirs of the Academy of Inscriptions*)。[1]

(2) 用马比昂的《古文书学》(*Diplomatica*) 和蒙福孔的《古文字学》(*Paleographia*) 作为理论，浏览巴黎各机构收藏的抄本。[2]

(3) 游学意大利期间，以多种历史地理方面的博学好古研究著作为参照，实地考察与罗马帝国历史有关的遗迹和地形。[3]

(4) 准备《罗马帝国衰亡史》的最后一章期间，整理纪念章和铭文材料，根据意大利博学好古研究者穆拉托尼的著作，实地考察罗马城中14世纪的遗迹。书写最后一章花费了吉本二十年的时间。[4]

此外，吉本与罗伯逊一样重视历史作品的注释。《罗马帝国衰亡史》的每一页都包含注释，这些注释不仅注明了史料的来源，而且也力图补充正文未尽之意，还有些注释则罗列各家观点。[5]

因为《罗马帝国衰亡史》的文学水平也很高，所以我们认为，吉本具备深厚的古典学教育基础，他将博学好古研究的成果与启蒙时代的理性主义史学相调和，最后以完整叙事的形式呈现。他的创新之处就是这种完美的调和，而不是对罗马帝国后期的历史进行了新的解释。虽然吉本自己没有明说，但在后世学者看来，他既要解决传统叙事史不顾史实、不求甚解的问题，又要解决博学好古研究卖弄学问以致损害可读性的问题。[6]还有学者认为，吉本的著作是"后文艺复兴欧洲与后博学好古英国民族史书写的巅峰"。[7]

---

[1] Edward Gibbon, *Memoirs of the Life and Writings of Edward Gibbon*, London: Whittaker, Treacher, and Arnot, 1825, p. 102.

[2] Ibid., pp. 147–153.

[3] Ibid., pp. 156–161.

[4] Ibid., pp. 206–207.

[5] 张广智、陈新:《西方史学史》，复旦大学出版社2000年版，第159—163页。

[6] [美]唐纳德·R. 凯利:《多面的历史：从希罗多德到赫尔德的历史》，陈恒、宋立宏译，生活·读书·新知三联书店2003年版，第431页。

[7] G. E. Aylmer, "Introductory Survey: From the Renaissance to the Eighteenth Century", M. Bentley ed., *Companion to Historiography*, London: Taylor and Francis, 1997, pp. 249–278.

从上面的论述可以看出，18世纪的重要英国历史家休谟、罗伯逊和吉本，在吸收博学好古研究的视角、方法或成果的同时，保留了传统的叙事史体裁。对此，莫米里亚诺把这一阶段民族史书写的特征概括为"大量历史学者努力通过最好的研究方法来确定每一个事件的真实性"。①而传统历史家与博学好古研究者之间有着共同的目标：复原过去。正是这一点成为两者在19世纪走向融合的基础。

第三点，博学好古研究在18世纪时衰微，它部分演变为历史学的辅助学科，最终博学好古研究在19世纪融入科学历史学。

徐波教授在《博学好古研究与西方史学》一文中曾表示，博学好古研究是西方民族史书写史中的一个附属性质的传统，即"附属于历史学的工具性学科……所谓辅助学科"。②也就是说，到18、19世纪，博学好古研究已不再作为单独的"antiquarianism"撰史传统存在于学术界，而是演变成了职业化、科学化的历史学的辅助学科。③这些"辅助学科"能够使历史家在书写过程中，精确地评估原始材料，判断具体证据的性质与价值。从下面列举的18—19世纪历史家的努力来看，他们帮助博学好古研究融入了科学的历史学。博学好古研究在换成"辅助学科"的身份之后，获得了"科学"的地位。

在文献学方面，瓦拉的文本批评工作开创了内证法。从此，文献辨伪以内证为主，而以旁证为辅。古文书学和古文字学应运而生。与语言学相结合的校勘和辨伪工作信誉日益提高，地位逐渐重要。④18世纪后半期，德意志地区的哥廷根大学成为历史研究中心；学术史上把奥古斯特·路德维希·冯·施洛塞尔为首的哥廷根大学（University of Göttingen）历史学者称为"哥廷根学派"。施洛塞尔研究的是俄罗斯史，他擅长于校勘抄本、复原原始版本、鉴别文本谬误、为史料溯源等文献学方法。这套方法被哥廷根学派和其他19世纪德意志历史学家广

---

① 参见 Arnaldo Momigliano, *Essays in Ancient and Modern Historiography*, Blackwell, 1977, pp. 1-27.
② 徐波：《博学好古研究与西方史学》，《四川大学学报》（哲学社会科学版）2005年第1期，第128页。
③ 至于"antiquarianism"则开始指"好古癖"这样的贬义。
④ 米辰峰：《瓦拉批驳君士坦丁赠礼的学术得失》，《史学月刊》2006年第3期，第102页。

泛采用，成为19世纪德意志史学的一大特色。文献学为德意志史学在19世纪走在学术前沿奠定了良好基础。①

在铭刻学方面，约在1715年，西皮奥内·马斐就在改革帕多瓦大学和都灵大学的计划中指出，有必要引进钱币、铭文和文书研究，以之作为民族史书写训练的一部分。18世纪及19世纪初的学者则进行了比以往规模更大的材料积累工作。奥格斯特·博克于1815年在柏林学会的赞助下启动了《希腊铭文集成》（Corpus Inscriptionum Graecarum）的计划，到1958年为止，这套丛书共出版了四卷。1852年，诺贝尔文学奖获得者提奥多·蒙森出版了《那不勒斯王国铭文集》（Inscriptions of the Neapolitan Kingdom）。随后他开始主编出版《拉丁铭文集成》（Corpus Inscriptionum Latinarum），这套铭文集从1863年开始出版，到完成时共十五卷，分为三十六册。② 19世纪铭刻材料的增加速度甚至超过了印刷出版速度。③

徐波教授曾指出："博学好古研究与历史学的融合过程……是两个学科相互影响，相互作用，逐渐走向综合的过程。……两个学科的融合过程何时完成并不重要，重要的是西方现代史学的开端是以两个学科的融合为标志的。自此以后，对历史学家来说就不仅仅是事件的编年叙述，还包括对历史的关键问题的理解，对纷乱不清的制度、经济、文化和宗教因素的分析。"④然而，根据本书的论述，这种说法略显不确。因为博学好古研究作为撰史传统来讲，从启蒙时代就开始受到重要思想家的批判；它自身的方法因囿于《圣经》年代序列，而无法在文物定年上有所创新。史前史领域在现代考古学建立之前的18世纪，仍然是传说和神话的世界。于是，博学好古研究仅有文献学和铭刻学两个主要方面演变为历史的辅助学科。所以，确切地说，应该是博学好古研究融入了19世纪的科学历史学。两者在这种结合过程中，地位并不平等。

---

① 张广智、陈新：《西方史学史》，复旦大学出版社2000年版，第165—167页。
② 同上书，第176页。
③ Jean Puhvel, "Epigraphy", *Encyclopaedia Britannica: Macropaedia*, Vol 6, Encyclopaedia Britannica Publishers, Inc., 1980, pp. 923 - 924.
④ 徐波：《博学好古研究与西方史学》，《四川大学学报》（哲学社会科学版）2005年第1期，第137—138页。

在18世纪的英国学界，博学好古研究主要呈现为三种面貌：其一，前两个世纪的博学好古著作得到增补、续写和重印。今天容易获得的大部分16、17世纪博学好古著作都是18世纪的重印版。而16、17世纪未能完成或未能印刷的部分研究笔记和手稿，也在18世纪印刷出版了。其二，研究开始涉及艺术史领域。哥特式风格的建筑就是在18世纪的博学好古研究中得到复兴的。哥特复兴还扩展到文学领域，小说、诗歌和戏剧都开始美化中世纪的英国，人们的想象力得到了极大发挥。其三，博学好古研究从令人叹为观止的"学术"（scholarship）走下神坛，成为所有乡绅都可一试身手，并以之作为贵族地位象征的"学识"（learning）。这一方面表现为家族史、地方史和自然史的繁荣，另一方面表现为对古迹和废墟美学意义的发现（与"风景如画运动"有关）。前者进而使挖掘古墓成为乡绅的一项时髦消遣活动，这与英国考古学的率先发展是分不开的。后者则在建筑学和园艺学方面产生了影响。但博学好古知识在社会中的普及，反倒使严肃的、针对新课题的博学好古研究日渐衰落。基督教史观的限制和为文物定年方法的缺乏，也是博学好古研究式微的重要原因。

总之，博学好古研究只有一部分演变成了辅助学科，以这种附属性的姿态融入19世纪的科学历史学中。除了文献学和铭刻学之外，其他16、17世纪的博学好古作品，以原始材料的形式进入了19世纪的史学著作。后者在文明研究、文化史研究和静态描述方面借鉴了博学好古研究的成果。[1]

---

[1] 莫米里亚诺对这个问题有自己独特的看法。参见 Arnaldo Momigliano, *Classical Foundations of Modern Historiography*, Berkeley, California: University of California Press, 1992, pp. 54, 155。

附 录

人名及专有名词翻译对照表

一 人名

拉丁名	汉语名	生卒年或时代
Aconcio, Giacomo	乔亚科姆·阿康西奥	1492—1566 年
Adamnanus	阿达姆那努斯	公元 7 世纪
Addison, Joseph	约瑟夫·艾迪生	1672—1719 年
Adonis	阿多尼斯	神话人物
Ælfric of Eynsham	伊恩沙姆的艾尔弗里克	公元 11 世纪
Aeneas	埃涅阿斯	传说人物
Æthelbert	阿瑟尔伯特	公元 6-7 世纪
Africanus, Sextus Julius	塞克斯图斯·阿弗利加努斯	公元 3 世纪
Agarde, Arthur	亚瑟·阿加德	1540—1615 年
Aglionby, Thomas	托马斯·阿格里昂比	公元 17 世纪
Agustín, Antonio	安东尼奥·阿古斯丁	1517—1586 年
Alberti, Leon Battista	阿尔贝蒂	1404—1472 年
Alexander VI, Pope	亚历山大六世	1431—1503 年
Alfonso	阿尔丰索	家族名
Alfred	阿尔弗雷德	公元 9 世纪
Anaximander	阿纳克希曼德	公元前 6 世纪
Andrewes, Lancelot	兰斯洛·安德鲁斯	1555—1626 年
Annianus	阿尼亚努斯	公元 5 世纪

续表

拉丁名	汉语名	生卒年或时代
Annius of Viterbo	维特堡的埃尼戊斯	1432—1502 年
Apelles	阿皮里斯	公元前 4 世纪
Aquinas, Thomas	托马斯·阿奎那	1225—1274 年
Archer, Simon	西蒙·阿克尔	公元 17 世纪
Ariosto, Ludovico	卢多维科·阿里奥斯托	1474—1533 年
Aristotle	亚里士多德	公元前 4 世纪
Arnold, Richard	理查德·阿诺德	公元 15—16 世纪
Arthur, the King	亚瑟王	传说人物
Arviragus	阿维拉古斯	传说人物
Ashmodeus	阿什莫丢斯	神话人物
Ashmole, Elias	埃利阿斯·阿什莫尔	1617—1692 年
Ashtoreth	阿什托雷斯	神话人物
Asser	阿瑟尔	公元 9—10 世纪
Athelstan	阿瑟斯坦	传说人物
Athena	雅典娜	神话人物
Aubrey, John	约翰·奥伯雷	1626—1697 年
Augustine, St.	圣奥古斯丁	公元 4—5 世纪
Augustus	奥古斯都	公元前 1 世纪至公元 1 世纪
Augustus, Antoninus	安东尼·奥古斯都	公元 2 世纪
Aventinus, Johannes	约翰内斯·阿文提努斯	1477—1534 年
Baal	巴尔	神话人物
Bacon, Francis	培根	1561—1626 年
Baillet, Adrian	阿德里安·巴耶	1649—1706 年
Bale, John	约翰·贝尔	1495—1563 年
Barbarossa, Frederick	弗雷德里克·巴巴罗萨	公元 12 世纪
Barclay, Alexander	亚历山大·巴克莱	1476—1552 年
Baronius, Casare	塞萨尔·巴罗尼乌斯	1538—1607 年
Barrow, Isaac	艾萨克·巴罗	1630—1677 年

续表

拉丁名	汉语名	生卒年或时代
Baudouin, François	弗朗索瓦·博杜安	1520—1573 年
Bayle, Pierre	皮埃尔·培尔	1647—1706 年
Beaumont, Francis	弗朗西斯·波芒特	1584—1616 年
Bede	比得	公元 7—8 世纪
Beowulf	贝奥武夫	神话人物
Bergier, Nicolas	尼古拉斯·贝尔吉埃	1567—1623 年
Bernini, Gian Lorenzo	吉安·洛伦佐·贝尼尼	1598—1680 年
Berosus	贝罗苏斯	公元前 3 世纪
Biondo, Flavio	弗拉维奥·比昂多	1392—1463 年
Bizzari, Pietro	皮埃特罗·比扎里	1525—1586 年
Bloch, Marc	马克·布洛赫	1886—1944 年
Blundeville, Thomas	托马斯·布隆德维尔	1522—1606 年
Boccaccio, Giovanni	乔万尼·薄伽丘	1313—1375 年
Böckh, August	奥格斯特·博克	1785—1867 年
Bodin, Jean	让·波丹	1530—1596 年
Bodley, Thomas	托马斯·波德莱爵士	1545—1613 年
Bolingbroke, 1st Viscount, Henry St. John	博林布鲁克子爵一世，亨利·圣约翰	1678—1751 年
Bollandus, Jean	让·玻兰达斯	1596—1665 年
Bolton, Edmund	爱德蒙·博尔顿	1575—1633 年
Boniface VIII	卜尼法斯八世	1235—1303 年
Boxhorn, M. Z.	M. Z. 博克斯霍恩	1612—1653 年
Boyle, Robert	罗伯特·波义耳	1627—1691 年
Boys, John	约翰·波伊斯	1607—1664 年
Brady	布拉迪	公元 18 世纪
Bramante, Donato	多纳托·布拉曼特	1444—1514 年
Brooke, Ralph	拉尔夫·布鲁克	1553—1625 年
Brunelleschi, Filippo	菲利波·布鲁内莱斯基	1377—1446 年

续表

拉丁名	汉语名	生卒年或时代
Bruni, Leonardo	莱昂纳多·布鲁尼	1369—1444 年
Brutus	布鲁图斯	传说人物
Buchanan, George	乔治·布坎南	1506—1582 年
Budé, Guillaume	纪尧姆·比代	1467—1540 年
Burton, William	威廉·波顿	1575—1645 年
Busbecq, Ogier Ghiselin de	奥吉尔·巴斯贝克	1522—1592 年
Butler, Samuel	萨缪尔·巴特勒	1612—1680 年
Caedmon	凯德蒙	传说人物
Caesar	凯撒	公元前 1 世纪
Calvin, John	约翰·加尔文	1509—1564 年
Camden, William	威廉·卡姆登	1551—1623 年
Campion, Edmund	爱德蒙·坎皮翁	1540—1581 年
Cano, Melchior	梅尔乔·康诺	1509—1560 年
Carew, George	乔治·卡鲁	卒于 1613 年
Carew, Richard	理查德·卡鲁	1555—1620 年
Casaubon, Isaac	艾萨克·卡索彭	1559—1614 年
Casaubon, Meric	梅里克·卡索彭	1599—1671 年
Castellesi, Adriano	阿德里亚诺·卡斯特莱西	1460—1521 年
Castiglione, Baldassare	巴尔达萨尔·卡斯提廖内	1478—1529 年
Cato the Elder, Marcus Porcius	老加图	公元前 3—2 世纪
Caxton, William	威廉·卡克斯顿	1415—1492 年
Cecil, William, Lord Burghley	威廉·塞西尔，伯利勋爵	1520—1598 年
Celestius	塞莱斯提乌斯	公元 5 世纪
Chamber, Robert	罗伯特·钱伯尔	公元 17 世纪
Charlemagne	查理大帝	公元 8—9 世纪
Charles I of England	查理一世	1600—1649 年
Charles V of Holy Roman Empire	查理五世	1500—1558 年
Charles VIII of France	查理八世	1470—1498 年

续表

拉丁名	汉语名	生卒年或时代
Cicero, Marcus Tullius	西塞罗	公元前 1 世纪
Ciriacole	基利阿柯	1391—1451 年
Clement VIII, Pope	克里门特八世	1536—1605 年
Clifford, Anne	安妮·克里夫德	1590—1676 年
Cluverius, Philippus	克鲁维琉斯	1580—1622 年
Coel	科埃尔	传说人物
Coke, Edward	爱德华·柯克	1552—1634 年
Columbanus	科伦巴努斯/科伦班	公元 6—7 世纪
Conyers, John	约翰·科尼尔斯	公元 7 世纪
Cooper, Thomas	托马斯·库珀	1517—1594 年
Cotton, Robert	罗伯特·柯顿	1570—1631 年
Crespin, Jean	让·克里斯班	1520—1572 年
Critias	克里提阿斯	公元前 5 世纪
Cromwell, Thomas	托马斯·克伦威尔	1485—1540 年
Cujas, Jacques	雅克·居雅	1520—1590 年
Cymbeline	辛白林	传说人物
Cyriacus of Ancona	安科纳的塞里亚库斯	1391—1452 年
Daniel, Samuel	萨缪尔·丹尼尔	1562—1619 年
D'Anville, Jean	让·当维尔	1697—1782 年
Day, John	约翰·戴伊	1522—1584 年
De Thou, Jacques Auguste	德·图	1553—1617 年
Dee, John	约翰·迪	1527—1609 年
Dee, River	理弗·迪	虚构人物
Dering, Edward	爱德华·德林	1598—1644 年
Descartes, René	勒内·笛卡儿	1596—1650 年
Dionysius of Halicarnassus	戴奥尼修斯	公元前 1 世纪
Doddridge, John	约翰·多吉	1555—1628 年
Donatello	多纳泰罗	1386—1466 年

续表

拉丁名	汉语名	生卒年或时代
Donatus, Aelius	多纳塔斯	公元4世纪
Drayton, Michael	迈克尔·德雷顿	1563—1631年
Du Cange	杜冈日	1610—1688年
Du Tillet, Jean	让·杜蒂耶	1500—1570年
Dudley, Robert	罗伯特·达德利	1532—1588年
Dugdale, William	威廉·达格代尔	1605—1686年
Dumoulin, Charles	查理·杜姆兰	1500—1566年
Edward III of England	爱德华三世	1312—1377年
Edward the Confessor	忏悔者爱德华	公元11世纪
Edward VI	爱德华六世	1537—1553年
Einhard	艾因哈德	公元9世纪
Eleutherius	埃勒塞里乌斯	公元2世纪
Elizabeth I of England	伊丽莎白一世	1533—1603年
Elyot, Thomas	托马斯·埃略特	1490—1546年
Emilio, Paolo	保罗·埃米利奥	卒于1529年
Empiricus, Sextus	塞克斯图斯·恩披里柯	公元2—3世纪
Erasmus	伊拉斯谟	1466—1536年
Eratosthenes	埃拉托色尼	公元前3—2世纪
Eudoxus of Cnidus	辛都斯的欧多克索斯	公元前5—4世纪
Eusebius of Caesarea	塞撒利亚的攸西比乌斯	公元3—4世纪
Fabyan, Robert	罗伯特·法比安	卒于1513年
Ferne, John	约翰·弗恩	1510—1609年
Ferrers, Henry	亨利·费勒斯	1549—1633年
Ficino, Marsilio	马尔西利奥·菲奇诺	1433—1499年
Fletcher, John	约翰·弗莱彻	1579—1625年
Florio, John	约翰·弗洛里奥	1553—1625年
Fontenelle, Bernard le Bovier de	丰特奈尔	1657—1757年
Fortescue, John	约翰·福特斯库	1385—1479年

续表

拉丁名	汉语名	生卒年或时代
Foxe, John	约翰·福克斯	1517—1587 年
Furse, Robert	罗伯特·费尔斯	公元 16 世纪
Gaguin, Robert	罗伯特·盖冈	1433—1501 年
Gaignières, Roger de	盖尼埃尔	1642—1715 年
Gale, Thomas	托马斯·盖尔	1635—1702 年
Galileo Galilei	伽利略·伽利雷	1564—1642 年
Gall, St.	圣高尔	公元 6—7 世纪
Garin, Eugenio	欧吉尼奥·加林	1909—2004 年
Gellius, Aulus	奥鲁斯·盖利乌斯	公元 2 世纪
Geoffrey of Monmouth	蒙茅斯的杰佛里	公元 12 世纪
Gervase of Tilbury	提布里的戈瓦斯	公元 12—13 世纪
Gibbon, Edward	爱德华·吉本	1737—1794 年
Gibson, Edmund	爱德蒙·吉布森	1669—1748 年
Gildas	季尔达斯	公元 6 世纪
Giocondo, Fra	弗拉·乔康多	1435—1515 年
Gomer	歌篾	传说人物
Grævius, Johann Georg	格雷费斯	1632—1703 年
Grafton, Richard	理查德·格拉夫顿	1511—1572 年
Gregory I, Pope	格雷戈里一世	公元 6—7 世纪
Gregory of Tours	图尔主教格雷戈里	公元 6 世纪
Gregory VII, Pope	格雷戈里七世	公元 11 世纪
Grote, George	乔治·格罗特	1794—1871 年
Guicciardini, Francesco	弗兰切斯科·奎恰尔迪尼	1483—1540 年
Hall, Edward	爱德华·霍尔	1498—1547 年
Halley, Edmund	爱德蒙·哈雷	1656—1742 年
Hardyng, John	约翰·哈丁	1378—1465 年
Harrison, William	威廉·哈里森	1534—1593 年
Harry, George Owen	乔治·欧文·哈里	公元 15—16 世纪

续表

拉丁名	汉语名	生卒年或时代
Hartshorne, Richard	哈特向	1899—1992 年
Harvey, Gabriel	加布里埃尔·哈维	1545—1630 年
Harvey, William	威廉·哈维	1578—1657 年
Hawkins, William	威廉·霍金斯	公元 16 世纪
Hearne, Thomas	托马斯·哈恩	1678—1735 年
Hecataeus of Miletus	赫卡泰阿斯	公元前 6 世纪
Heere, Lucas de	鲁卡斯·德·希尔	1534—1584 年
Heinsius, Daniel	丹尼尔·海因修斯	1580—1655 年
Hellanicus of Mytilene	赫拉尼古斯	公元前 5 世纪
Hengist	亨吉斯特	传说人物
Henry IV of France	亨利四世	1553—1610 年
Henry of Huntingdon	亨廷顿的亨利	公元 12 世纪
Henry VII of England	亨利七世	1457—1509 年
Henry VIII of England	亨利八世	1491—1547 年
Hera	赫拉	神话人物
Hercules	赫丘利	神话人物
Herodotus	希罗多德	公元前 5 世纪
Heyward, Edward	爱德华·黑沃德	公元 17 世纪
Heywood, Thomas	托马斯·黑伍德	1570—1641 年
Hickes, George	乔治·希克斯	1642—1715 年
Higden, Ranulphus	拉努尔弗斯·希金	卒于 1364 年
Hippias of Elis	伊利斯的希庇阿斯	公元前 5 世纪
Hobbes, Thomas	托马斯·霍布斯	1588—1679 年
Holinshed, Raphael	拉斐尔·何林设德	1529—1580 年
Holland, Philemon	菲尔蒙·霍兰德	1552—1637 年
Hooker, Robert	罗伯特·胡克	1635—1703 年
Hooker, Richard	理查德·胡克	1554—1600 年
Horace	贺拉斯	公元前 1 世纪

续表

拉丁名	汉语名	生卒年或时代
Howard, Henry	亨利·霍华德	1608—1652 年
Howard, Thomas	托马斯·霍华德	1585—1646 年
Howard, William	威廉·霍华德	1614—1680 年
Hume, David	大卫·休谟	1711—1776 年
Hutchinson, Thomas	托马斯·哈钦森	1698—1769 年
Irenaeus, Saint	圣爱任纽	公元 2—3 世纪
Isabella d'Este	伊萨贝拉·德·埃斯特	1474—1539 年
Isidore of Seville	塞维尔的伊西多尔	公元 6—7 世纪
James I of England	詹姆士一世	1566—1625 年
James, Richard	理查德·詹姆斯	1592—1638 年
Janus	雅努斯	神话人物
Jerome of Prague	布拉格的哲罗姆	1379—1416 年
Johnson, Samuel	塞缪尔·琼森	1709—1784 年
Jones, Inigo	伊尼哥·琼斯	1573—1652 年
Jonson, Ben	本·琼森	1572—1637 年
Jordanes	约旦尼斯	公元 6 世纪
Joseph of Arimathea	亚里马太的约瑟	传说人物
Josephus	约瑟夫斯	公元 1 世纪
Josselyn, John	约翰·乔瑟林	公元 17 世纪
Julius II, Pope	朱利乌斯二世	1443—1513 年
Junius, Francis	弗朗西斯·朱尼乌斯	1591—1677 年
Juvenal	玉外纳	公元 1—2 世纪
Juvencus	尤文库斯	公元 4 世纪
Kennett, White	怀特·肯尼特	1660—1728 年
La Popelinière, Lancelot Voisin de	拉波普里尼埃尔	1540—1608 年
Lacy	莱西	家族名
Lambarde, William	威廉·兰巴德	1536—1601 年
Lanquet, Thomas	托马斯·兰克特	1521—1545 年

续表

拉丁名	汉语名	生卒年或时代
Laud, William	威廉·劳德	1573—1645 年
Lear	李尔王	传说人物
Leibniz, Gottfried	莱布尼茨	1646—1716 年
Leland, John	约翰·利兰	1502—1552 年
Lessing, Gotthold Ephraim	莱辛	1729—1781 年
Lhuyd, Humphrey	汉弗利·路易德	1527—1568 年
Lhwyd, Edward	爱德华·路易德	1660—1709 年
Lindenbrog, Erpold	厄尔波德·林登布洛格	1540—1616 年
Lipsius, Justus	朱斯图斯·李普西乌斯	1547—1606 年
Lisle, William	威廉·李瑟尔	公元 16—17 世纪
Livy	李维	公元前 1—公元 1 世纪
Lodge, Thomas	托马斯·洛吉	1558—1625 年
Loisel, Antoine	安德瓦纳·卢瓦塞尔	1536—1617 年
Louis XIV	路易十四	1638—1715 年
Lubbock, John	约翰·路博克	1744—1816 年
Lucian of Samosata	琉善	公元 2 世纪
Lucius	卢西乌斯	传说人物
Lucretius	卢克莱修	公元前 1 世纪
Mabillon, Jean	让·马比昂	1632—1707 年
Macaulay, Thomas B.	托马斯·马考莱	1800—1859 年
Machiavelli, Niccolò	尼科洛·马基雅维里	1469—1527 年
Macrobius	玛克罗比乌斯	公元 5 世纪
Maitland, Frederic William	弗雷德里克·梅特兰	1850—1906 年
Malory, Thomas	托马斯·马洛礼	1405—1471 年
Mantegna, Andrea	安德烈·曼泰涅亚	1431—1506 年
Marcellinus Ammianus	马塞利努斯·阿米亚努斯	公元 4 世纪
Mazzocchi, Jacopo	雅克波·马佐奇	公元 16 世纪
Medici	美迪奇	家族名

续表

拉丁名	汉语名	生卒年或时代
Mela, Pomponius	庞波尼阿斯·梅拉	公元 1 世纪
Melchizedek	麦基洗德	传说人物
Mercati, Michael	迈克尔·莫凯迪	1541—1593 年
Merlin	墨林	传说人物
Michelangelo	米开朗基罗	1475—1564 年
Milton, John	约翰·弥尔顿	1608—1674 年
Momigliano, Arnaldo	阿纳尔多·莫米里亚诺	1908—1987 年
Mommsen, Theodor	提奥多·蒙森	1817—1903 年
Montaigne, Michel de	米歇尔·德·蒙田	1533—1592 年
Montfauçon, Bernard de	伯纳尔·德·蒙福松	1655—1741 年
More, Thomas	托马斯·莫尔	1478—1535 年
Muratori, Ludovico Antonio	卢多维科·穆拉托尼	1672—1750 年
Nardini, Famiano	法米亚诺·纳蒂尼	1600—1661 年
Nashe, Thomas	托马斯·纳什	1567—1601 年
Nennius	奈尼乌斯	公元 8—9 世纪
Newton, Isaac	艾萨克·牛顿	1643—1727 年
Nicholls, Thomas	托马斯·尼科尔斯	公元 16 世纪
Noah	挪亚	传说人物
Norden, John	约翰·诺登	1548—1625 年
Norfolk, Duke of	诺福克公爵	爵位名
North, Thomas	托马斯·诺思	1535—1604 年
Norton, Thomas	托马斯·诺顿	1532—1584 年
Nowell, Laurence	劳伦斯·诺维尔	1515—1571 年
Numatianus, Rutilius	卢提略·纽马提阿那斯	公元 5 世纪
Nyerup, Rasmus	拉斯穆斯·尼勒普	1759—1829 年
Oglander, John	约翰·奥格兰德	1585—1655 年
Ortelius, Abraham	亚伯拉罕·奥特利乌斯	1527—1598 年
Osiris	奥西利斯	神话人物

续表

拉丁名	汉语名	生卒年或时代
O'Sullevan, Philip, Beare	菲利普·奥沙利文·比尔	1590—1660 年
Otto of Freising	弗莱辛的奥托	公元 12 世纪
Ovid	奥维德	公元 1 世纪
Panvinio, Onofrio	奥诺弗里奥·潘维尼奥	1529—1568 年
Papebroch, Daniel	丹尼尔·丕皮布洛奇	1628—1714 年
Paris, Matthew	马太·帕里斯	公元 13 世纪
Parker, Matthew	马太·帕克	1504—1575 年
Pasquier, Etienne	埃基纳·帕斯基耶	1529—1615 年
Patrick, St.	圣帕特里克	公元 5 世纪
Paul II	保罗二世	1461—1471 年
Pausanias	帕萨尼亚斯	公元 2 世纪
Peacham, Henry	亨利·皮查姆	1546—1634 年
Peiresc, Nicolas - C. Fabri de	佩雷斯克	1580—1637 年
Pelagius	佩拉吉乌斯	公元 4—5 世纪
Peter I of Russia	彼得一世	1672—1725 年
Petrarch, Francesco	弗朗切斯科·彼特拉克	1304—1374 年
Pictor, Quintus Fabius	昆因斯·法比乌斯·匹克脱	公元前 3 世纪
Pinoteau, Hervé	埃尔维·比诺多	生于 1927 年
Pirckheimer, Willibald	维利巴尔·皮克海姆	1470—1530 年
Pithou, Pierre	皮埃尔·皮图	1539—1596 年
Pius II, Pope	庇护二世	1405—1464 年
Plato	柏拉图	公元前 5—4 世纪
Plautus	普劳图斯	公元前 3—2 世纪
Pliny the Elder	老普林尼	公元 1 世纪
Plot, Robert	罗伯特·普洛特	1640—1696 年
Plutarch	普鲁塔克	公元 1—2 世纪
Poggio Bracciolini	波焦·布拉乔利尼	1380—1459 年
Polybius	波里比乌	公元前 2 世纪

续表

拉丁名	汉语名	生卒年或时代
Polyclitus	波利克里图斯	公元前 5 世纪
Polyphemus	波利菲默斯	神话人物
Pope, Alexander	亚历山大·蒲柏	1688—1744 年
Praxiteles	普拉西特里斯	公元前 4 世纪
Priscian	普里西安	公元 6 世纪
Proserpina	普罗赛皮娜	神话人物
Ptolemy	托勒密	公元 2 世纪
Quevedo, Francisco de	弗朗西斯科·德·奎维多	1580—1645 年
Quintilian	昆体良	公元 1 世纪
Raleigh, Walter	瓦尔特·拉雷	1552—1618 年
Ranke, Leopold von	利奥波德·冯·兰克	1795—1886 年
Rantzau, Henrik	亨利克·朗茨奥	1526—1599 年
Raphael	拉斐尔	1483—1520 年
Rastell, John	约翰·拉斯特尔	1475—1536 年
Ray, John	约翰·雷	1625—1705 年
Rhenanus, Beatus	比图斯·莱纳努斯	1485—1547 年
Richard III of England	理查三世	1452—1485 年
Ritschl, Friedrich Wilhelm	弗雷德里希·瑞兹耳	1806—1876 年
Robert of Gloucester	格洛斯特的罗伯特	公元 13 世纪
Robertson, William	威廉·罗伯逊	1721—1793 年
Roger of Howden	霍登的罗杰	公元 12 世纪
Rogers, Daniel	丹尼尔·罗杰斯	公元 16 世纪
Rosweyde, Heribert	路斯威德	1569—1629 年
Rous, John	约翰·劳斯	1411—1491 年
Rubens, Peter Paul	彼得·保罗·鲁本斯	1577—1640 年
Sackville, Thomas	托马斯·沙克维尔	1536—1608 年
Sadoleto, Jacopo	雅克波·萨多莱托	1477—1547 年
Sallust	萨卢斯特	公元前 1 世纪

续表

拉丁名	汉语名	生卒年或时代
Salutati, Coluccio	科鲁奇奥·萨卢塔提	1331—1406 年
Samothes	萨莫特斯	传说人物
Sanches, Francisco	弗朗西斯科·桑切斯	1550—1623 年
Sanders, Francis	弗朗西斯·桑德斯	公元 16—17 世纪
Sannazzaro, Jacopo	桑纳扎罗	1458—1530 年
Savile, Henry	亨利·萨维尔	1549—1622 年
Scaliger, Joseph Justus	约瑟夫·斯卡利杰	1540—1609 年
Scholzer, August Ludwig von	奥格斯特·施洛塞尔	1735—1809 年
Scotus, Sedulius	塞都利乌斯·斯哥图斯	公元 9 世纪
Selden, John	约翰·塞尔登	1584—1654 年
Seneca the Younger	小塞涅卡	公元 1 世纪
Senhouse	森豪斯	卒于 1626 年
Sep-Szarzyński, Mikolaj	米科拉伊·塞普-萨津斯基	1550—1581 年
Shakespeare, William	威廉·莎士比亚	1564—1616 年
Siculus, Diodorus	迪奥多鲁斯·西库鲁斯	公元前 1 世纪
Sigonia, Carlo	卡罗·西格尼奥	1520—1584 年
Socrates	苏格拉底	公元前 5 世纪
Somner, William	威廉·索姆纳	1598—1669 年
Spanheim, Ezechiel	埃兹希尔·斯班海姆	1629—1710 年
Speed, John	约翰·斯皮德	1552—1629 年
Spelman, Henry	亨利·斯倍尔曼	1562—1641 年
Spenser, Edmund	爱德蒙·斯宾塞	1552—1599 年
Stanyhurst, Richard	理查德·斯坦尼赫斯特	1547—1618 年
Stephanus of Byzantium	拜占庭的斯蒂芬努斯	公元 6 世纪
Stephens, Jeremy	杰里米·斯蒂芬斯	公元 17 世纪
Stow, John	约翰·斯托	1525—1605 年
Strabo	斯特拉波	公元前 1 世纪
Stubbs, William	威廉·斯塔布斯	1825—1901 年

续表

拉丁名	汉语名	生卒年或时代
Stukeley, William	威廉·斯图克利	1687—1765 年
Suetonius	苏维托尼乌斯	公元 1—2 世纪
Swift, Jonathan	乔纳森·斯威夫特	1667—1745 年
Symmachus	西玛库斯	公元 4—5 世纪
Tacitus	塔西佗	公元 1—2 世纪
Talbot, Robert	罗伯特·塔尔伯特	公元 16 世纪
Tanner, Thomas	托马斯·坦纳	1674—1735 年
Tasso	塔索	1544—1595 年
Tate, Francis	弗朗西斯·泰特	1560—1616 年
Thammuz	塔木兹	神话人物
Thucydides	修昔底德	公元前 5—4 世纪
Tiberius	提比略	公元前 1 世纪至公元 1 世纪
Tillemont	蒂勒蒙	1637—1698 年
Titus	提图	公元 1 世纪
Trajan	图拉真	公元 1—2 世纪
Turner, Sharon	沙龙·特纳	1768—1847 年
Twine, John	约翰·特怀恩	卒于 1581 年
Tyndale, William	威廉·廷代尔	1484—1536 年
Ussher, James	詹姆斯·厄谢尔	1581—1656 年
Valla, Lorenzo	洛伦佐·瓦拉	1406—1457 年
Varro, Marcus Terrentius	马库斯·特兰提乌斯·瓦罗	公元前 2—1 世纪
Vasari, Giorgio	乔尔乔·瓦萨里	1511—1574 年
Venus	维纳斯	神话人物
Vergil, Polydore	波利多尔·维吉尔	1470—1555 年
Verstegan, Richard	理查德·维斯特甘	1550—1640 年
Vespasian	维斯帕乡	公元 1 世纪
Vincent, Augustine	奥古斯丁·文森特	1584—1626
Virgil	维吉尔	公元前 1 世纪

续表

拉丁名	汉语名	生卒年或时代
Vitalis, Janus	雅努斯·维塔利斯	1485—1560 年
Vitalis, Orderic	奥德里克·维塔利斯	公元 11—12 世纪
Vitruvius	维特鲁威	公元前 1 世纪
Voltaire	伏尔泰	1694—1778 年
Vowell, John	约翰·沃威尔	1526—1601 年
Walsingham, Thomas	托马斯·沃尔星汉姆	1561—1630 年
Warburton, William	威廉·沃伯顿	1698—1779 年
Ware, James	詹姆斯·威尔	1594—1666 年
Warner, John	约翰·瓦尔纳	1581—1666 年
Weever, John	约翰·维弗尔	1576—1632 年
Wesseling, Peter	彼得·韦塞林	1692—1764 年
Wheelock, Abraham	亚伯拉罕·威洛克	1593—1653 年
White, John	约翰·怀特	1540—1593 年
Wilkins, David	大卫·威尔金斯	1685—1745 年
William of Jumièges	尤米耶日的威廉	公元 11 世纪
William of Malmesbury	马尔姆斯伯里的威廉	公元 12 世纪
William of Newburgh	纽堡的威廉	公元 12 世纪
William of Poitiers	波瓦基耶的威廉	公元 11 世纪
William of Worcester	沃斯特的威廉	1415—1482 年
Willughby, Francis	弗朗西斯·威鲁比	1635—1672 年
Wilson, Daniel	丹尼尔·威尔逊	1816—1892 年
Winckelmann, Johann Joachim	约翰·约阿希姆·温克尔曼	1717—1768 年
Wolf, Friedrich August	弗雷德里希·沃尔夫	1759—1824 年
Wolfe, Reginald	雷吉纳尔德·乌尔夫	卒于 1573 年
Wood, Anthony	安东尼·伍德	1632—1695 年
Wren, Matthew	马太·莱恩	1585—1667 年
Wycliffe, John	约翰·威克里夫	1324—1384 年
Xenophon	色诺芬	公元前 5—4 世纪

续表

拉丁名	汉语名	生卒年或时代
Yong, Patrick	帕特里克·杨	1584—1652 年
Zebub	塞布波	神话人物
Zoroaster	琐罗亚斯德	传说人物
Zwinger, Theodor	西奥多·茨温格	1533—1588 年

二 其他专有名词

Act of Union of 1707　1707 年联合法案

Albion　阿尔比翁

Alexandria　亚历山大里亚

Alps　阿尔卑斯

America　美洲/美国

Amsterdam　阿姆斯特丹

Anglo　盎格鲁/英格兰

Antwerp　安特卫普

Aragon　阿拉贡

Argos　阿尔戈斯

Arminianism　阿明尼乌主义

Arundel　阿兰德尔

Ashmolean Museum　阿什莫尔博物馆

Athens　雅典

Attica　阿提卡

Avebury　埃夫伯里

Axminster　阿克斯明斯特

Bath　巴思

Beaufort　博福特

Belgae　比利其

Belgic　比利时的

Benedictine　本笃派
Benevento　贝内文托
Berlin Academy　柏林学会
Birmingham　伯明翰
Bodleian Library　波德莱图书馆
Bollandists　玻兰达斯派
Bologna　博洛尼亚
Bordeaux　波尔多
Bristol　布里斯托尔
Britain　不列颠
Britannia　不列颠
Britanny　布列塔尼
British Isles　不列颠群岛
Britons　布列吞人
Bruges　布鲁日
Brunanburgh　布鲁南堡
Buchan　巴肯
Buckinghamshire　白金汉郡
Bute　比特
Byzantine　拜占庭
Cader Idris　卡代尔·伊德里斯山
Calais　加来
Caledonian　古代苏格兰的
Cambridge　剑桥（大学）
Capitol　加比多尔山
Capri　卡普里
Carlisle　卡莱尔
Carthaginians　迦太基人
Cassino　卡西诺
Celtic　凯尔特的
Celts　凯尔特人

Certaldo　切尔塔尔多
Cheapside　奇普塞德
Chester　切斯特
Cirencester　塞伦斯特
Cluny　克吕尼
Colosseum　圆形大竞技场
Conwall　康沃尔
Copenhagen　哥本哈根
Cornish　康沃尔的
Cornwall　康沃尔
Cottonian Library　柯顿图书馆
Coventry　考文垂
Croydon　克罗伊登
Cumberland　坎伯兰
Danes　丹麦人
Danish　丹麦的（语）
Danube　多瑙河
Derby House　德比楼
Derbyshire　德比郡
Devon　德文
Domesday Book　末日审判书
Dominics　多明我会修士
Druids　德鲁伊教徒
Durham　达勒姆
East Anglia　东盎格里亚
Eboracum　伊博拉科姆
Edinburgh　爱丁堡
Egypt　埃及
Ely　伊利
England　英格兰
Established Church　国教

Ethiopia 埃塞俄比亚
Europe 欧洲
Exeter 埃克塞特
Ferrara 费拉拉
Fife 法伊夫
Florence 佛罗伦萨
France 法国
Frankfurt 法兰克福
Gaels 盖尔人
Gainsborough 盖恩斯巴勒
Gauls 高卢人
Genoa 热那亚
Germany 德意志
Glastonbury 格拉斯顿伯里
Glostershire 格洛斯特郡
Gloucestershire 格洛斯特郡
Gothic 哥特的
Goths 哥特人
Göttingen school 哥廷根学派
Graham 格雷厄姆
Greek 希腊的（语）
Gwent 格温特
Hadrian's Wall 哈德良城墙
Hebrew 希伯来语
Hellenistic 希腊化的
Herculaneum 赫库拉纽姆
Hereford 赫里福德
Hertford 赫特福德
Hibernian Society 爱尔兰学会
Huguenots 胡格诺派
Huntingdon 亨廷顿

Iceland　冰岛
Iceni　埃斯尼
India　印度
Indians　印第安人
Inner Temple　内殿法学院
Inns of Court　四法学院
Ionic　爱奥尼亚式
Ireland　爱尔兰
Isles of Scilly　锡利群岛
Italy　意大利
King's College　国王学院
Kingston　金斯敦
Lancaster　兰开斯特
Latin　拉丁语（的）
Laudian movement　劳德运动
Leicester　莱斯特
Leiden　莱顿
Lichfield　利奇菲尔德
Lincoln　林肯
Lincoln's Inn　林肯法学院
Lincolnshire　林肯郡
Lindos　林多斯
London　伦敦
Louvre　卢浮宫
Lucca　卢卡
Magna Carta　大宪章
Magnesia　马尼西亚
Manchester　曼彻斯特
Mantua　曼图亚
Maurists　摩尔派
Mecca　麦加

Mercians　麦西亚人
Mergellina　梅尔格利纳
Milan　米兰
Miletus　米利都
Minerva　密涅瓦
Mississippi　密西西比河
Monmouth　蒙茅斯
Mycenae　迈锡尼
Naples　那不勒斯
Netherlands　尼德兰
Nimes　尼姆
Noachite　挪亚时代的
Nordic　北欧人
Norfolk　诺福克
Normandy　诺曼底
Normans　诺曼人
Norse　北欧的
Northumberland　诺森伯兰
Northumbria　诺森伯里亚
Norway　挪威
Norwich　诺里奇
Nuremberg　纽伦堡
Oxford　牛津（大学）
Pacific　太平洋
Padua　帕多瓦
Pale　爱尔兰东部
Pantheon　万神殿
Paris　巴黎
Paros　帕罗斯
Peace Treaty of Westphalia　威斯特伐利亚和约
Pembroke　彭布罗克

Penicuik　佩尼库克
Pentateuch　摩西五经
Pergamum　帕加马
Persia　波斯
Peru　秘鲁
Peterborough　彼得堡
Peuplingues　珀普林格斯
Philistines　非利士人
Picts　皮克特人
Plantaganet　金雀花
Presbyterian　长老会派
Prusse　普鲁士
Prussia　普鲁士
Rochester　罗彻斯特
Rodmarton　罗德马顿
Rollright　罗尔莱特
Rome　罗马
Royal Irish Academy　皇家爱尔兰学院
Royal Society　皇家学会
Russia　俄罗斯
Sabine　萨宾
Saint Petersburg　圣彼得堡
Salisbury　索尔兹伯里
Sarum　萨勒姆
Saxon　撒克逊
Scandinavia　斯堪的纳维亚
Scotland　苏格兰
Scots　斯哥特人
Scythia　斯基泰
Segovia　塞格维亚
Seleucid　塞琉古王朝的

Septuagint　希腊语七十子本
Sibury　希伯里
Sicily　西西里
Siena　锡耶纳
Smyrna　斯米尔纳
Society of Antiquaries　博学好古家学会
Society of Roman Knights　罗马骑士学会
Somerset　萨默塞特
Sorbonne　索邦
South Sea　南太平洋
Spalding　斯伯丁
Spaniards　西班牙人
Sparta　斯巴达
Staffordshire　斯塔福德郡
Stamford　斯坦福
Stanford　斯坦福
Stonehenge　巨石阵
Suffolk　萨福克
Swabia　士瓦本
Sweden　瑞典
Switzerland　瑞士
Syria　叙利亚
Teutonic　条顿（日耳曼）的
Thebes　底比斯（忒拜）
Thersagoras　忒萨戈拉斯
Thessaly　色萨利
Timachidas　提马奇达斯
Tintern　廷特恩
Tories　托利党
Troy　特洛伊
Tupinamba　图皮南巴

Turin 都灵
Tuscany 托斯卡纳
Uffinton 尤芬顿
Utrecht 乌特勒支
Vatican 梵蒂冈
Venice 威尼斯
Verona 维罗纳
Versailles 凡尔赛
Viking 维京人
Viotia 维奥蒂亚
Wales 威尔士
Waltham Cross 沃尔瑟姆纪念碑
Wansdyke 汪斯迪克
Warwickshire 沃里克郡
Wells 威尔斯
Westminster 威斯敏斯特
Whaddon Hall 瓦登霍尔
Whigs 辉格党
Whitehall 白厅
Wilton 威尔顿
Wiltshire 威尔特郡
Winchelsea 温切尔西
Winchester 温彻斯特
Windsor 温莎
Woodchester 伍德切斯特
Worcester 沃斯特
York 约克
York Minster 约克敏斯特教堂
Yorkshire 约克郡
Zurich 苏黎世

参考文献

原始文献

［英］吉本：《吉本自传》，戴子钦译，生活·读书·新知三联书店2002年版。

［英］蒙茅斯的杰佛里：《不列颠诸王史》，陈默译，广西师范大学出版社2009年版。

［古罗马］维吉尔：《埃涅阿斯记》，杨周翰译，人民文学出版社2000年版。

［古希腊］希罗多德：《历史：新译本》，徐松岩译，上海三联书店2008年版。

［古罗马］西塞罗：《论演说家》，王焕生译，中国政法大学出版社2003年版。

［古罗马］西塞罗：《论法律》，王焕生译，上海人民出版社2005年版。

［英］休谟：《休谟散文集》，肖聿译，中国社会科学出版社2006年版。

Francis Bacon, *Advancement of Learning and Novum Organum*, Omaha, Nebraska: The Colonial Press, 1900.

William Camden, *Britannia*, Bristol: Thoemmes Press, 2003.

JohnFoxe, *Fox's Book of Martyrs; or the Acts and Monuments of the Christian Church*, Published by J. J. Woodward, 1830.

Geoffrey of Monmouth, *The British History*, Aaron Thompson Trans., London: J. Bowyer, 1718.

Edward Gibbon, *Memoirs of the Life and Writings of Edward Gibbon*, John

Holroyd Sheffield (Earl of) ed., London: Whittaker, Treacher, and Arnot, 1825.

George Burke Johnston, "Poems by William Camden: With Notes and Translations from the Latin", *Studies in Philology*, Vol. 72, 1975.

William Lambade, *A Perambulation of Kent: Conteining the Description, Hystorie, and Customes of that Shire*, Printed by W. Burrill, 1826.

John Leland, *The Itinerary of John Leland*, Thomas Hearne ed., Printed at the Theater for J. Fletcher and J. Pote, 1745-1769.

Henry Spelman, *The History and Fate of Sacrilege*, London: J. Masters, 1853.

John Stow and William John Thoms, *A Survey of London*, Whittaker and Co., 1842.

研究著作

［英］保罗·巴恩：《考古学的过去与未来》，覃方明译，译林出版社2008年版。

［英］保罗·巴恩：《剑桥插图考古史》，郭小凌、王晓秦译，山东画报出版社2000年版。

［美］卡尔·贝克尔：《启蒙时代哲学家的天城》，何兆武译，江苏教育出版社2004年版。

［英］彼得·伯克：《欧洲文艺复兴——中心与边缘》，刘耀春译，东方出版社2007年版。

常斌：《浅论社会转型中的英国史学——16、17世纪英国史学的发展演变》，硕士学位论文，东北师范大学，2005年。

陈淳：《考古学的理论与研究》，学林出版社2003年版。

陈淳：《当代考古学》，上海社会科学院出版社2004年版。

陈恒选编：《西方历史思想经典选读》，北京大学出版社2008年版。

陈新：《论西方近代历史叙述与理性意义体系》，《东南学术》2000年第2期。

辞海编辑委员会：《辞海》，上海辞书出版社1979年版。

［加］布鲁斯·G.格尔：《考古学思想史》，徐坚译，岳麓书社2008

年版。

冯象译注：《创世记：传说与译注》，江苏人民出版社2004年版。

高岱：《英国的第一次史学革命》，《世界史研究动态》1993年第5期。

［英］乔治·皮博迪·古奇：《十九世纪历史学与历史学家》，耿淡如译，商务印书馆1997年版。

郭圣铭：《西方史学史概要》，上海人民出版社1983年版。

郭圣铭、王晴佳：《西方著名史学家评介》，华东师范大学出版社1988年版。

郭小凌：《西方史学史》，北京师范大学出版社1995年版。

胡景钊、余丽嫦：《十七世纪英国哲学》，商务印书馆2006年版。

［英］艾瑞克·霍布斯鲍姆主编：《传统的发明》，顾杭、庞冠群译，译林出版社2004年版。

［美］唐纳德·R.凯利：《多面的历史：从希罗多德到赫尔德的历史》，陈恒、宋立宏译，生活·读书·新知三联书店2003年版。

李济：《考古琐谈》，湖北教育出版社1998年版。

刘新利、陈志强：《欧洲文艺复兴史：宗教卷》，人民出版社2008年版。

刘雪飞：《斯基泰人与希腊罗马世界的关系》，硕士学位论文，华东师范大学，2007年。

刘耀春：《语言与文化：意大利文艺复兴时期的"语言问题"》，《四川大学学报》（哲学社会科学版）2005年第6期。

陆瑾：《17世纪英国的史书阅读》，硕士学位论文，武汉大学，2007年。

米辰峰：《劳伦佐·瓦拉的生平与思想》，《史学月刊》2004年第8期。

米辰峰：《马比荣与西方古文献学的发展》，《历史研究》2004年第5期。

米辰峰：《瓦拉批驳君士坦丁赠礼的学术得失》，《史学月刊》2006年第3期。

［意］阿纳尔多·莫米里亚诺：《传统与古典历史学家》，宋立宏译，载陈恒主编《新史学》（第一辑），大象出版社2003年版。

［意］阿纳尔多·莫米里亚诺：《现代史学的古典基础》，冯洁音译，华

东师范大学出版社 2009 年版。

［英］罗伯特·金·默顿：《十七世纪英格兰的科学、技术与社会》，范岱年等译，商务印书馆 2000 年版。

彭小瑜：《近代西方古文献学的发源》，《世界历史》2001 年第 1 期。

钱乘旦、许洁明：《英国通史》，上海社会科学院出版社 2003 年版。

［英］安德鲁·桑德斯：《牛津简明英国文学史》，谷启楠等译，人民文学出版社 2006 年版。

施蛰存：《金石丛话》，中华书局 2007 年版。

孙秉莹：《欧洲近代史学史》，湖南人民出版社 1984 年版。

谭英华：《十六至十七世纪西方历史思想的更新》，《历史研究》1987 年第 4 期。

［美］J. W. 汤普森：《历史著作史》，谢德风译，商务印书馆 1988 年版。

王晴佳：《西方的历史观念：从古希腊到现代》，华东师范大学出版社 2002 年版。

王晴佳：《论民族主义史学的兴起与缺失——从全球比较史学的角度考察》，《河北学刊》2004 年第 4—5 期。

王挺之：《"文艺复兴"研究的新趋势》，《历史研究》1991 年第 1 期。

王挺之：《第二次世界大战以来的文艺复兴研究》，《四川大学学报》（哲学社会科学版）1991 年第 1 期。

徐波：《博学好古研究与西方史学》，《四川大学学报》（哲学社会科学版）2005 年第 1 期。

徐波：《文艺复兴时期法国民族史学研究》，四川人民出版社 2006 年版。

徐波：《西方史学中的民族史传统》，《社会科学研究》2004 年第 5 期。

杨建华：《外国考古学史》，吉林大学出版社 1999 年版。

张广智、陈新：《西方史学史》，复旦大学出版社 2000 年版。

张井梅：《浅论西方史学史上的"博学时代"》，《史学史研究》2008 年第 3 期。

郑天挺等：《中国历史大辞典》，上海辞书出版社 2000 年版。

中国大百科全书《考古学》编辑委员会编：《中国大百科全书·考古

学》,中国大百科全书出版社 1986 年版。

邹薇:《文艺复兴时期的英国史学》,硕士学位论文,四川大学,2006 年。

Eleanor NathalieAdams, *Old English Scholarship in England from 1566 – 1800*, New Haven, Connecticut: Yale University Press, 1917.

Dana Arnoldand Stephen Bending, eds., *Tracing Architecture: The Aesthetics of Antiquarianism*, Oxford: Blackwell Publishing, 2003.

MargaretAston, "English Ruins and English History: The Dissolution and the Sense of the Past", *Journal of the Warburg and Courtauld Institutes*, Vol. 36, 1973.

H. E. Barnes, *A History of Historical Writing*, Second Revised Edition, New York: Dover Publications, 1963.

ErnstBreisach, *Historiography: Ancient, Medieval, and Modern*, Chicago: University of Chicago Press, 1994.

PeterBurke, *The European Renaissance: Centres and Peripheries*, Oxford: Blackwell Publishing, 1998.

RebeccaBushnell, "Experience, Truth, and Natural History in Early English Gardening Books", *The Historical Imagination in Early Modern Britain: History, Rhetoric, and Fiction*, 1500 – 1800, Donald R. Kelly and David Harris Sacks eds., New York: Cambridge University Press, 1997.

GeorgeClark, *The Seventeenth Century*, Second Edition ed., Oxford: Oxford University Press, 1961.

PatrickCollinson, "One of Us? William Camden and the Making of History", *Transactions of the Royal Historical Society*, Vol. 8, 1998.

Collinson, Patrick, "Truth, Lies, and Fiction in Sixteenth – Century Protestant Historiography", *The Historical Imagination in Early Modern Britain: History, Rhetoric, and Fiction*, 1500 – 1800, Donald R. Kelly and David Harris Sacks eds., New York: Cambridge University Press, 1997.

Leonard F. Dean, "Bodin's 'Methodus' in England before 1625", *Studies in Philology*, Vol. 39, No. 2, 1942.

Leonard F. Dean, "Sir Francis Bacon's Theory of Civil History – Writing", *ELH* 8, No. 3, 1941.

Richard L. DeMolen, "The Library of William Camden", *Proceedings of the American Philosophical Society*, Vol. 128, No. 4, 1984.

Jonathan Dewalded, *Europe 1450 to 1789: Encyclopedia of the Early Modern World*, New York: Charles Scribner's Sons, 2004.

LewisEinstein, *The Italian Renaissance in England Studies*, Originally published: 1903; Reprinted: 1970 ed. New York: Burt Franklin, 1903.

Encyclopaedia Britannica Publishers, Inc. Staff, ed. , *Encyclopaedia Britannica: Macropaedia: Encyclopaedia Britannica*, 1980.

Matthew A. Fitzimons, "Politics and Men of Learning in England, 1540 – 1640," *The Review of Politics* Vol. 6, No. 4, 1944.

AdamFox, "Remembering the Past in Early Modern England: Oral and Written Tradition", *Transactions of the Royal Historical Society*, Vol. 9, 1999.

Levi Fox ed. , *English Historical Scholarship in the Sixteenth and Seventeenth Centuries*, Oxford University Press, 1956.

F. Smith Fussner, *The Historical Revolution: English Historical Writing and Thought, 1580 – 1640*, New York: Columbia University Press, 1962.

Anthony Grafton, *What was History?: The Art of History in Early Modern Europe*, Cambridge University Press, 2007.

AntoniaGransden, *Historical Writing in England: c. 1307 to the Early Sixteenth Century*, Routledge, 1996.

Paul F. Grendler ed. , *Encyclopedia of the Renaissance*, New York: Charles Scribner's Sons, 1999.

TheodorHarmsen, *Antiquarianism in the Augustan Age: Thomas Hearne 1678 – 1735*, Bern: Peter Lang, 2000.

DenysHay, *Annalists and Historians: Western Historiography from the Eighth to the Eighteenth Centuries*, London: Methuen & Co Ltd. , 1977.

RichardHelgerson, "Murder in Faversham: Holinshed's Impertinent History", *The Historical Imagination in Early Modern Britain: History, Rhetoric, and Fiction, 1500 – 1800*, Donald R. Kelly and David Harris Sacks eds. , New

York: Cambridge University Press, 1997.

W. H. Herendeen, "William Camden: Historian, Herald, and Antiquary", *Studies in Philology*, Vol. 85, No. 2, 1988.

Walter EHoughton, "The English Virtuoso in the Seventeenth Century: Part 1", *Journal of the History of Ideas*, Vol. 3, No. 1 - 2, 1942.

James A. Knapp, *Illustrating the Past in Early Modern England: The Representation of History in Printed Books*, Ashgate Publishing, Ltd. , 2003.

Paul OskarKristeller, *Renaissance Thought: The Classic, Scholastic, and Humanistic Strains*, Harper & Row, 1961.

F. J. Levy, "The Making of Camden's Britannia", *Bibliotheque d'Humanisme et Renaissance*, Vol. 26, 1964.

F. J. Levy, "Daniel Rogers as Antiquary", *Bibliotheque d'Humanisme et Renaissance*, Vol. 27, 1965.

F. J. Levy, *Tudor Historical Thought*, Toronto: University of Toronto Press, 2004.

A. G. Little, "Review: The Itinerary of John Leland in or about the Years 1535 - 1543 by Lucy Toulmin Smith", *The Engish Historical Review*, Vol. 23, 1908.

Arthur MacGregor, "The Cabinet of Curiosities in Seventeenth - Century Britain", *The Origins of Museums: The Cabinet of Curiosities in Sixteenth - and Seventeenth - Century Europe*, Oxford: Clarendon Press, 1985.

P. N. Miller ed. , *Momigliano and Antiquarianism: Foundations of the Modern Cultural Sciences*, Toronto: University of Toronto Press, 2007.

Arnaldo Momigliano, *Studies in Historiography*, New York: Garland Publishing Inc. , 1985.

Arnaldo Momigliano, *Classical Foundations of Modern Historiography*, Berkeley, California: University of California Press, 1992.

Martin Myrone and Lucy Peltz, eds. , *Producing the Past: Aspects of Antiquarian Culture and Practice* 1700 - 1850, Farnham: Ashgate Publishing, 1999.

Linda VanNorden, "Peiresc and the English Scholars", *Huntington Library Quarterly*, Vol. 12, 1949.

Linda Van Norden, "Sir Henry Spelman on the Chronology of the Elizabethan College of Antiquaries", *Huntington Library Quarterly*, Vol. 13, 1950.

Laird Okie, *Augustan Historical Writing: Histories of England in the English Enlightenment*, Lanham, Maryland: University Press of America, 1991.

GrahamParry, *The Trophies of Time: English Antiquarians of the Seventeenth Century*, Oxford, New York: Oxford University Press, 1995.

Stuart Piggott, *Ruins in a Landscape: Essays in Antiquarianism*, Edinburgh: Edinburgh University Press, 1976.

J. G. A. Pocock, *The Ancient Constitution and the Feudal Law: English Historical Thought in the Seventeenth Century*, Cambridge: Cambridge University Press, 1987.

Joseph H. Preston, "Was there an Historical Revolution?", In *Journal of the History of Ideas*, Vol. 38, 1977.

R. J. Schoeck, "Early Anglo – Saxon Studies and Legal Scholarship in the Renaissance", *Studies in the Renaissance*, Vol. 5, 1958.

J. A. Simpsonand E. S. C. Weiner, eds., *The Oxford English Dictionary*, Vol. 1, Oxford: Clarendon Press, 1989.

R. W. Southern, *History and Historians: Selected Papers of R. W. Southern*, R. J. Bartlett ed., Oxford: Blackwell Publishing, 2004.

Rosemary Sweet, *Antiquaries: the Discovery of the Past in Eighteenth – Century Britain*, London & New York: Hambledon and London, 2004.

Hugh Trevor – Roper, *Renaissance Essays*, University of Chicago Press, 1985.

William RaleighTrimble, "Early Tudor Historiography, 1485 – 1548", *Journal of the History of Ideas*, No. 11, 1950.

Williamson, George, *The Senecan Amble: A Study in Prose Form rom Bacon to Collier*, University of Chicago Press, 1951.

Daniel R. Woolf, The Idea of History in Early Stuart England: Erudition, Ideology and the "Light of Truth" from the Accession of James I to the Civil War. Toronto, 1990.

Daniel R. Woolf, "John Selden, John Brough and Francis Bacon's History of Henry Ⅶ 1621", *Huntington Library Quarterly*, No. 47, 1984.

Daniel R. Woolf, "Little Crosby and the Horizons of Early Modern Historical Culture", *The Historical Imagination in Early Modern Britain: History, Rhetoric, and Fiction*, 1500 – 1800, Donald R. Kelly and David Harris Sacks eds., New York: Cambridge University Press, 1997.

Daniel R. Woolf, "Senses of the Past in Tudor Britain", *A Companion to Tudor Britain*, Robert Tittler and Norman Jones, eds., Oxford: Blackwell Publishing, 2004.

Daniel R. Woolf, *The Social Circulation of the Past: English Historical Culture*, 1500 – 1730, Oxford University Press, 2003.

后　　记

　　此书校订自我的博士学位论文。2005年，我将《历史学与兴起中的考古学之联姻》一文用作本科三年级学年论文交给四川大学历史文化学院刘耀春教授评阅。由于不到一年后就要写本科毕业论文，因而刘耀春教授建议我从那篇学年论文的开头所叙述的一段话中寻找发散的起点：

　　"他们决心要使昔日的荣耀世代永存；虽然在他们那些沉闷的书卷中几乎没有伊丽莎白时代爱国热情激发的振振之辞，然而也是出于一腔报国的热血。他们炫耀着祖国的珍宝，正像希腊诗人称颂着战争。"[1] 16、17世纪英国的对古典世界颇感兴趣的学者们，也许因为宗教改革对寺院和藏书的破坏，被后人戴上了"古物学家"的头衔。在论述考古学的兴起之前，首先将简略回顾它的亲兄弟：古物学。在格林·丹尼尔对古物学文学般的叙述中，我们得知古物研究之风乃始于英国。虽然意大利的人文主义者是研究古典世界之鼻祖，然而我们无法忽略英国人的开阔眼界，是英国人向地中海东部的冒险精神，使他们盘据着考古学的源头。[2]

　　实际上，那篇论文中仅此一段是在说"古物学"，也就是本书中所谓"博学好古研究"。于是，以《16、17世纪英国的博学好古研究》

---

[1] ［英］格林·丹尼尔：《考古学一百五十年》，黄其煦译，文物出版社1987年版，第9页。
[2] 这篇本科论文删节后已发表。参见朱晶进《考古学的自我检讨》，《大众考古》2017年第4期，第42—47页。

为题的本科毕业论文用两万余字完成了这种对"考古学的亲兄弟"的简要回顾。因本科四年级时专业英语水平的限制,毕业论文未能充分吸收国外的先进研究成果,所以只能泛泛而谈,颇有顾此失彼之憾。

由于我硕士研究生阶段攻读的是世界史专业,因而历史学方面的英语能力得到一定程度的提高,这为我涉猎一部分非汉语资料提供了便利。几乎在开始研究生阶段学习的同时,四川大学历史文化学院徐波教授也将他的博士学位论文以《文艺复兴时期的法国民族史学研究》为题出版,加上他的《博学好古研究与西方史学》一文,我意识到了"博学好古研究"这个主题在西方民族史学史上的重要性。[①] 在王挺之教授和刘耀春教授的指导和鼓励下,我沿着那条道路继续前进。在硕士研究生第三年,学院给了我机会,让我提前一年攻读博士研究生。所以我没有做硕士毕业论文,博士学位论文的题目也就可以一直追溯到本科阶段了。在攻读博士学位期间的三位良师,我终生难忘。我的博士生导师王挺之教授极具大师风范,在我5年的研究生生涯中,他在百忙之中不断抽出时间对我的学习和论文写作予以悉心指导,并对我毕业后的发展表示理解甚至鼓励。他的渊博学识与为人处事之道,我终生受用。徐波教授的研究方向与这篇论文非常接近,他在我写作过程中进行了具体的、有针对性的指导。刘耀春教授就像我的亲人,他的教诲使我从来没有放松过语言学习,而他也相当以身作则。虽然我毕业后的发展与他的期望有距离,我对此感到有所亏欠,但我要说,没有刘老师,我不会产生对历史学的真正理解。

取得博士学位后,我因为工作关系暂时淡出学术圈长达5年。2016年,我在时任四川大学党委常务副书记罗中枢教授的提携下,有幸进入国际关系学院中国西部边疆安全与发展协同创新中心工作。因此该博士学位论文能获得"边疆学丛书"项目的后期资助而出版问世,也需要感谢中心姚乐野教授、王卓教授的支持。在后期资助项目审核过程中,四川大学历史文化学院陈廷湘教授、原祖杰教授提出了宝贵的修改意见。东北师范大学王晋新教授在中国世界中世纪史学会2017年学术年会上对我的研究方向予以充分肯定,也令我十分振奋。

---

① 参见朱晶进《特洛伊起源与西方民族史学》,《长江丛刊》2016年第24期,第62—63页。

孙锦泉教授、张箭教授、李德英教授、王东杰教授、彭邦本教授、周毅教授、粟品孝教授、张世钧教授、陈晓律教授……我9年大学学习生涯中，他们也给了我极大帮助。鲍成志、黄茂、刘君、刘利容、邹卫、刘禄山、胡晓梅、王晓辉、杨民、辛旭、缪元朗、黄百灵等老师，他们帮助我这个距家乡千里之外的蜀地求学的孩子长大成人。感谢成功伟、李雪梅和韩小琴老师帮助我完成毕业工作。我在学院里认识的所有老师，感谢你们伴随我走过人生的这一段路。

王晓渔教授、洪静宜老师，以及史乐闻、姜虹、张军、张晓川、张颖、黄花、冯佳、范辞冬、代莉莉等好友为我提供了大量资料。徐鸿琳为我分担了许多翻译工作。邹薇和刘雪飞允许我在论文中使用他们未发表的成果。吕和应、李贤文、牛敬飞、陈默、秦天和邓斐文，与你们的愉快谈话使我获益匪浅。还有其他在这些年帮助过我的朋友，谢谢你们。

没有我父母的理解和经济上的大力支持，我不可能平静地完成9年的大学学习；没有岳父和岳母在生活上的帮助，我不可能安稳地坐在新居中敲打键盘；而没有我的爱人贾黎，我也就没有今天。

历史学深刻地改变了我的世界观。首先，个人的和眼前的利益尽管是组成历史的一部分，但在集体的记忆中往往微不足道。其次，世界永远在发生变化，它以各种形式既与过去相似，又越来越快地产生新事物。不拘泥于小事和短期利益，积极顺应变化，应该是历史学给我带来的道理。最后，历史学专业培养了我的读书习惯，而学习又是终身的。历史学专业让我能够明辨知识的优劣，我不会轻易被互联网时代的各类信息误导。总之，我尊重历史，更尊重历史学对我世界观的塑造。

最后，事实上这本书远非成熟。在修订出版过程中，或许会遗漏不少近几年出版的最新成果和译作。如果有后来的历史学工作者能够从我这篇论文中获得一点启发，从而做出进一步的，也更完善的学术成果，我定会感到无比欣慰。

朱晶进

2010年6月　初稿

2017年12月　修订